A HISTÓRIA DA
EUROPA
PARA QUEM TEM PRESSA

В лѣт . ҂ѕ . у . м҃ . Игорєви възрастъшю . и хожаше
пошлѣгѣ и слоушаше . и привєдоша ємоу женоу ѿ
пскова . имєнємъ ѡлгю . Въ лѣт . ҂ѕ . у҃ . м҃а . Въ лѣт . ҂ѕ . у҃ . м҃в .
Въ лѣт . ҂ѕ . у҃ . м҃г . Въ лѣт . ҂ѕ . у҃ . м҃д . Иде Ѡлегъ на Грѣкы . и
Игорѧ ѡставивъ Києвѣ . поѧ множество варѧгъ . и сло-
вѣнъ . и чюдь . и словѣнѣ . и кривичи . и мєрю . и деревлѧ-
ны . и радимичи . и полѧны . и сѣверо . и вѧтичи . и хо-
рваты . и дулѣбы . и тиверци . ӕже соуть толко-
вины . си вси звахоуть ѿ Грекъ Великаӕ Скуѳь . с ими
со всѣми поиде Ѡлегъ на конєхъ и на корабли . и бѣ
числомъ кораблѣи . в҃ . прииде Цр҃юграду . и Грѣци
замкоша соудъ . а градъ затвориша ⁘

И выиде Ѡлегъ на брегъ . и воевати нача и много у-
биства створи . ѡколо града Грєком . разбиша
многы полаты . и пожгоша црк҃ви . а ӕже ємлѧ-
хоу плѣнникы . ѡвѣхъ посѣкахоу . а дроугыӕ же
мучахоу . и ны же растрѣлѧхоу . а дроугыӕ
в морє метахоу . и ина многа творѧхоу роусь
Грекомъ . єлико же ратни творѧть ⁘

JACOB F. FIELD

A HISTÓRIA DA
EUROPA
PARA QUEM TEM PRESSA

Tradução
IVAN WEISZ KUCK

valentina

Rio de Janeiro, 2023
1ª edição

Copyright © 2019 *by* Michael O'Mara Books Limited

TÍTULO ORIGINAL
The History of Europe in Bite-sized Chunks

CAPA
Sérgio Campante

DIAGRAMAÇÃO
FQuatro Diagramação

Impresso no Brasil
Printed in Brazil
2023

CIP-BRASIL. CATALOGAÇÃO NA PUBLICAÇÃO
SINDICATO NACIONAL DOS EDITORES DE LIVROS, RJ
MERI GLEICE RODRIGUES DE SOUZA - BIBLIOTECÁRIA - CRB-7/6439

F477h
Field, Jacob F.
    A história da Europa para quem tem pressa / Jacob F. Field – [tradução Ivan W. Kuck] – 1. ed. – Rio de Janeiro: Valentina, 2023.
    200p. il.; 21 cm.

    ISBN 978-65-88490-64-8

    1. Europa – História. I. Kuck, Ivan W. II. Título.

CDD: 940
23-85050   CDU: 94(4)

Todos os livros da Editora Valentina estão em conformidade com
o novo Acordo Ortográfico da Língua Portuguesa.

Todos os direitos desta edição reservados à

Editora Valentina
Rua Santa Clara 50/1107 – Copacabana
Rio de Janeiro – 22041-012
Tel/Fax: (21) 3208-8777
www.editoravalentina.com.br

Dedico este livro à família Bell,
os melhores parentes por afinidade
que alguém desejaria ter.

AGRADECIMENTOS

Gostaria de agradecer a Gabriella Nemeth e a todos da Michael O'Mara Books pelo trabalho intenso e competente na preparação deste livro. Agradeço também a todos os meus alunos e colegas nas universidades de Massey, Waikato e Cambridge pelos diálogos e ideias perspicazes sobre a história europeia.

SUMÁRIO

Lista de Mapas   11

Introdução   13

CAPÍTULO UM • Antiguidade Clássica   15
Os Minoicos   15   Os Fenícios   16   Os Micênicos   17   Os Celtas   19
A Idade do Ouro Grega   20   Europeus Notáveis: Sócrates (470-399)   22
As Guerras Médicas   22   O Reino de Esparta   24   A Ascensão da República
Romana   25   Europeus Notáveis: Alexandre, o Grande (356-32)   27
Cartago e Aníbal   29   Europeus Notáveis: Caio Júlio César (100-44)   30
A Fundação do Império Romano   31   A Expansão do Cristianismo   33
O Império Romano em seu Apogeu   35   A Divisão do Império   38
Europeus Notáveis: Constantino, o Grande (272-337)   39   A Queda do
Império Romano no Ocidente   40

CAPÍTULO DOIS • A Era Medieval   43
Os Francos   43   Europeus Notáveis: Carlos Magno (c. 742-814)   44
O Império Bizantino, 600-1100   46   Os Eslavos   48   A Invasão da
Europa pelos Árabes   49   A República de Veneza   51   Os Vikings   53
Os Normandos   54   As Cruzadas   56   A Liga Hanseática   58   A Guerra
dos Cem Anos   60   Europeus Notáveis: Joana d'Arc (1412-31)   62

CAPÍTULO TRÊS • A Reforma e o Iluminismo   64
A Revolução da Imprensa   64   Europeus Notáveis: Fernando II de Aragão
(1452-1516) e Isabel I de Castela (1451-1504)   65   O Renascimento   66
Humanismo Renascentista   68   Viagens de Descobrimento   70
A Reforma Protestante   71   O Império Habsburgo   74   A Ascensão da
Rússia   77   Companhias de Comércio Europeias   78   A Guerra dos
Trinta Anos (1618-48)   79   Europeus Notáveis: Luís XIV da França (1638-
1715)   81   A Revolução Científica   83   O Iluminismo   84
Os Déspotas Esclarecidos   87

CAPÍTULO QUATRO • A Era das Revoluções 91
A Primeira Revolução Industrial 91 A Revolução Francesa 93
O Espírito da Revolução 96 Europeus Notáveis: Tadeu Kosciuszko
(1774-1817) 98 Europeus Notáveis: Napoleão Bonaparte (1769-1821) 99
As Guerras Napoleônicas 101 A Unificação Alemã 104
O *Risorgimento* 106 O Declínio do Império Otomano 108 A Luta
da França pela Estabilidade 110 A Primavera dos Povos 112 A Guerra
da Crimeia 115 Reforma e Revolução na Rússia 116 Europeus
Notáveis: Karl Marx (1818-83) 118 A Conquista do Voto Feminino 119
A Segunda Revolução Industrial 120 Imperialismo Europeu 123

CAPÍTULO CINCO • A Europa em Crise 126
O Barril de Pólvora Europeu 126 A Crise de Julho 127 O *Front*
Ocidental, 1914-17 130 A Turquia e a Campanha de Galípoli 131
O *Front* Italiano e a Ascensão de Mussolini 133 A Rússia e o *Front*
Oriental 134 O Fim da Guerra 137 O Tratado de Versalhes 139
Europeus Notáveis: Marie Curie (1867-1934) 141 A Alemanha de Weimar
e a Ascensão de Hitler 142 Europeus Notáveis: Albert Einstein (1879-
1955) 145 A Ascensão de Stalin 146 A Guerra Civil Espanhola 148
O Início da Segunda Guerra Mundial 149 O *Front* Oriental 152
A Mudança de Rumo 154 O Holocausto 156 O Fim da Segunda
Guerra Mundial 158

CAPÍTULO SEIS • A Europa Contemporânea 161
O Início da Guerra Fria 161 O Início da Integração Europeia 165
O Milagre Alemão 167 Mudanças na União Soviética 168 O Bloco
Oriental nas Décadas de 1950 e 1960 170 Descolonização Europeia 172
Mudanças em Portugal e na Espanha 175 A Ampliação da CEE e a
Criação da União Europeia (UE) 176 O Colapso da URSS 178
As Revoluções de 1989 180 A Rússia Pós-Soviética 183 As Guerras
Iugoslavas 185 O Euro e a Expansão da UE para o Leste 189
A Europa e a Crise Financeira Global 191 Europa em Crise? 194

LISTA DE MAPAS

O Império Romano em sua máxima extensão, no ano 117   37

O Império Carolíngio sob o reinado de Carlos Magno, c. 814   45

O Império Bizantino, c. 600   47

O Império Habsburgo sob o reinado de Carlos V, c. 1550   76

O Império Napoleônico, c. 1810   100

Impérios Coloniais Europeus, 1822   121

A Europa após a Primeira Guerra Mundial   140

A Expansão da União Europeia   193

INTRODUÇÃO

Em termos geográficos simples, a Europa é constituída pela parte ocidental da massa de terra eurasiana e pelas ilhas dos mares e oceanos vizinhos. O limite oriental da Europa é inteiramente arbitrário — sua fronteira com a Ásia costuma ser definida pelo Rio Ural, pelos mares Negro e Cáspio, e pelos Estreitos Turcos. Este livro tem início cinco milênios atrás, na Idade do Bronze, quando as primeiras civilizações europeias começaram a surgir, e se estende até as primeiras décadas do século 21. Para facilitar ao leitor o entendimento de um período histórico tão vasto, a obra se divide em pequenas "porções" de fácil assimilação; cada uma delas aborda um aspecto da história europeia, seja político, social, religioso, econômico ou cultural. Algumas examinam em detalhes eventos, temas ou períodos importantes, enquanto outras proporcionam minibiografias de "Europeus Notáveis" que moldaram o continente. As "porções" podem ser lidas em separado, mas também fazem parte de uma abrangente narrativa.

Uma avaliação da amplitude e escala da história europeia é um fator vital para que possamos compreender as histórias dos países e regiões que formam o continente. Eles nunca existiram isolados, e seu desenvolvimento ao longo do tempo deve muito às interações entre si. Essas interações foram por vezes violentas, mas a violência se viu sobrepujada por episódios de colaboração transnacional e intercâmbio cultural. Além disso, embora as potências europeias não mais dominem o mundo com seus impérios e colônias, seu legado é sentido em toda parte, seja nas leis, constituições, línguas, religiões ou tecnologias. A História da Europa ainda interage com a política moderna e exerce influência sobre ela; seu legado é inevitável.

A História da Europa para Quem Tem Pressa proporcionará ao leitor uma compreensão do passado de um continente onde ocorreram alguns dos eventos mais significativos da história da humanidade. Guerras brutais, violência desumana, heróis abnegados, vilões infames, nobre idealismo, inovações revolucionárias, grandiosas obras de arte e numerosas catástrofes.

CAPÍTULO UM

Antiguidade Clássica

Os Minoicos
Creta era o centro da civilização minoica, povo da Idade do Bronze que deve seu nome a Minos, o mítico rei de Creta, que possuía um labirinto onde sacrificava vítimas ao Minotauro (criatura monstruosa, metade homem, metade touro). Durante o terceiro milênio a.c., os minoicos começaram a fabricar ferramentas e armas de bronze, além de requintadas peças de cerâmica esmaltada e joias de ouro. Desenvolveram um sistema de escrita hieroglífica (hoje conhecido como Linear A) e realizaram rotas comerciais ao longo do Mediterrâneo, principalmente com os egípcios, em direção ao Sul. A partir do ano 2000 a.C., os minoicos começaram a construir um complexo palaciano em Cnossos, ao redor do qual se desenvolveu a primeira cidade da Europa. Mais tarde, ergueram outros complexos em Creta, incluindo Festo, Zacro e Mália.

Embora o palácio de Cnossos tenha sido devastado por um fortíssimo terremoto em 1720 a.C., outro ainda maior e mais imponente e elaborado foi reerguido no local ao longo dos séculos seguintes. Tinha finalidades administrativas e cerimoniais, além de possuir oficinas, residências e porões para armazenagem. Quando escavaram o complexo, em 1900, os arqueólogos descobriram paredes com requintados afrescos; de temática religiosa e secular, as pinturas eram representações naturalistas de animais, plantas e pessoas. Uma das mais famosas retrata o "salto sobre touros", um atlético ritual religioso no qual os celebrantes agarravam os chifres de um touro e saltavam sobre ele (prática similar ainda ocorre no sudoeste da França). No século 17 a.C., a população de Cnossos pode ter chegado a 100.000 habitantes.

A civilização minoica atingiu o apogeu da sua influência no século 16 a.C., quando se expandiu para o Chipre e outras ilhas do Egeu, além da Grécia continental, onde influenciou os povos micênicos. Por volta de 1500 a.C., a civilização minoica começou a declinar; uma das causas pode ter sido um grande terremoto ao largo da costa cretense, que acabou enfraquecendo os minoicos e permitindo que os micênicos conquistassem Creta e se tornassem a potência dominante da região. Em 1400 a.C., um incêndio destruiu o grande palácio de Cnossos; a cidade continuou sendo habitada, mas diminuiu em tamanho e em importância.

Os Fenícios

A primeira grande potência comercial da Europa foi a Fenícia, que formou uma rede de comércio que se estendia, pelo Mediterrâneo, do atual Líbano ao sul da Espanha. Durante o segundo e o primeiro milênios a.C., os fenícios criaram colônias comerciais costeiras no Levante, no norte da África, na Itália e na Espanha. Em vez de constituírem um império formal, eram uma livre aliança de cidades-Estado. Hábeis navegadores e construtores navais, negociavam artigos de luxo, como cedro, vinho, marfim e vidraria. Alguns dos seus produtos avançaram tanto rumo ao Norte, que chegaram às Ilhas Britânicas, onde provavelmente eram trocados pelo estanho extraído das minas da região. Muitíssimo famosos por seus tecidos tingidos, o pigmento mais procurado e valioso era a "púrpura tíria", feita à base da secreção mucosa de caramujos marinhos e produzida pela primeira vez na cidade de Tiro (no atual Líbano); por ser tão proibitivamente cara, somente a elite podia pagar por ela, e a cor púrpura logo ficou associada ao status real ou imperial.

Apesar de todo o seu poderio econômico, a maior contribuição dos fenícios ao desenvolvimento da história europeia foi o seu alfabeto, adotado a partir do século 11 a.C. Diferentemente de sistemas mais complexos que empregavam centenas de pictogramas ou hieróglifos para registrar as informações, o alfabeto fenício era composto de apenas 22 letras, o que facilitava muito a sua aprendizagem e utilização. Assim, serviu de base para a maioria dos alfabetos ocidentais, incluindo o latino, o grego e o cirílico.

Os Micênicos

A partir de 2200 a.C., povos indo-europeus começaram a migrar para a Grécia continental. Graças à sua habilidade de guerreiros e fabricantes de armas, criaram monarquias tribais. Em seguida, consolidaram seu domínio, erguendo cidadelas fortificadas em pontos estratégicos no interior do território. Por volta de 1600 a.C., muitas dessas fortificações haviam se transformado em cidades, como Tirinto, Pilos e Midea. O mais importante desses primeiros povoados foi Micenas, que deu nome à civilização. Lá, no alto de uma colina no nordeste do Peloponeso, que comandava as planícies circundantes e era protegida por enormes muralhas de blocos de pedra, foi construída a *acrópole* (do grego "cidade alta"). Os micênicos também negociavam com os povos vizinhos, como os minoicos, que se tornaram uma grande influência, especialmente nas artes. Em meados do século 15 a.C., os micênicos conquistaram Creta, suplantando os minoicos e se tornando a força dominante no Egeu, com colônias no Chipre, em Rodes, na Itália e na Anatólia. O sistema de escrita micênico (hoje conhecido como Linear B) difundiu-se pela região; nele havia cerca de 90 sinais representando sílabas, e centenas de caracteres pictóricos representando objetos.

Mesmo com tanto poder e riqueza, ao longo dos séculos 13 e 12 a.C., a civilização micênica começou a declinar e a se tornar cada vez mais instável até o seu colapso. Existem várias teorias sobre o porquê dessa decadência; uma delas sustenta que se deveu a incursões estrangeiras, seja pelos dóricos do norte da Grécia, seja pelos povos do mar, invasores marítimos que eram o flagelo do Mediterrâneo oriental. Também é possível que disputas internas ou desastres naturais tenham contribuído para o declínio micênico. Independentemente da causa, em 1100 a.C., a civilização micênica já não existia como grande potência. Seu sistema de escrita também caiu em desuso, pois era utilizado, principalmente, pelos escribas palacianos para propósitos administrativos (somente em 1953, linguistas decifraram o Linear B). Ao longo dos três séculos seguintes, o mundo grego foi caótico, instável e iletrado. Essa "idade das trevas" chegou ao fim por volta do ano 800 a.C. com o surgimento de cidades-Estado, como Atenas e Esparta.

Os Celtas

Os celtas foram um povo indo-europeu que se fixou em várias regiões da Europa (do Mar Negro à costa do Atlântico), compartilhando línguas e culturas semelhantes. Surgiram pela primeira vez na Europa Central, no século 13 a.C., período durante o qual sabe-se que já dominavam a fabricação com bronze, assim como cremavam e sepultavam seus mortos em urnas funerárias. A escavação de um sítio arqueológico em Hallstatt, na Áustria, revelou um rico acervo de artefatos e mostrou que, em 700 a.C., também já dominavam o ferro, metal mais forte que o bronze. Graças à superioridade de suas armas e armaduras feitas com esse material, e a suas habilidades de guerreiros e cavaleiros, os celtas conquistaram grande parte da região e começaram a negociar com os gregos. A fase seguinte do desenvolvimento celta foi a chamada "cultura de La Tène" (nome de um sítio arqueológico na Suíça), iniciada no século 5 a.C. Seu elaborado e inconfundível estilo artístico se caracterizava por linhas abstratas fluidas e espiraladas. A música e a poesia desfrutavam de um enorme valor. Embora tenham criado algumas grandes colônias fortificadas, a sociedade celta sempre foi predominantemente agrícola, e o povo era liderado por reis semi-hereditários e por uma elite de nobres guerreiros. Os rituais e práticas religiosas ficavam a cargo de sacerdotes profissionais chamados druidas. Vários reinos independentes foram fundados do século 5 ao século 1 a.C., período da maior expansão celta: migraram para o Sul, até a Espanha, e para o Norte, até as Ilhas Britânicas e a

Irlanda, e chegaram a invadir a Grécia, para então se aventurar na Anatólia. Os celtas fizeram incursões ao sul dos Alpes, na península itálica, representando uma ameaça constante à nascente República Romana; saquearam Roma em 390 a.C.

A Idade do Ouro Grega

Em 800 a.C., a sociedade grega já havia feito a transição de estrutura tribal para organização em cidades-Estado (as chamadas *poleis*). No início, eram oligarquias dominadas por uma classe de latifundiários, os chamados *aristoi* (literalmente "os melhores"). Apesar de certas particularidades, as cidades-Estado possuíam algumas características em comum, como uma noção de cidadania, uma ágora (praça pública com feiras-livres e mercados, também usada para reuniões), julgamentos públicos, códigos legais publicados e *sinecismo* (incorporação dos campos e vilas vizinhos). Os antigos gregos eram politeístas, com um panteão de deuses no qual Zeus era a divindade suprema. Contudo, cada *pólis* tinha o seu próprio deus patrono e seus próprios festivais, de modo que as práticas religiosas variavam de lugar para lugar. As *poleis* cultivavam uma tradição militarista voltada à autodefesa e à expansão. Em seus exércitos, predominavam os *hoplitas* — cidadãos voluntários que lutavam em uma massa compacta de lanças e escudos denominada falange. A vitória nas batalhas dependia da disciplina e da confiança nos companheiros. Muitas *poleis* tinham marinhas de guerra que, no século 8 a.C., usavam a trirreme (embarcação longa e delgada, cujo principal meio de propulsão eram três fileiras de remos). Os homens livres, sem condições de adquirir armas ou armaduras, prestavam o serviço militar como remadores.

A *pólis* mais célebre foi Atenas, cuja origem remonta a 5.000 anos. Sua acrópole foi erguida em 1200 a.c., ainda no período micênico. A cidade cresceu, tornou-se um importante centro comercial e dominou o território ao seu redor (chamado Ática). O enriquecimento ateniense causou desavenças entre ricos e pobres, provocando tensões internas que levaram a cidade à beira de uma guerra civil. A fim de evitar o conflito, em 594 a.C., o político Sólon (*c.* 638-558)* elaborou uma nova constituição democrática para Atenas, que conferia aos homens livres mais pobres o direito ao voto para a Eclésia (assembleia popular), que determinava a política externa, funcionava como Suprema Corte e nomeava as altas autoridades e os generais (geralmente aristocratas). Os cargos menos importantes eram preenchidos por sorteio. A Eclésia se reunia três ou quatro vezes por mês e, no século 5 a.C., já contava com 40 mil membros (o quórum para as votações era de 6 mil). Com o passar do tempo, a maioria das *poleis* copiou o modelo ateniense, com os cidadãos adultos do sexo masculino participando ativamente das questões de Estado (Esparta foi uma exceção digna de nota). Embora esse sistema democrático tenha se provado sólido, às vezes, em tempos de crise, um indivíduo assumia o poder temporariamente e governava sem seguir as leis nem a constituição — eram os chamados tiranos.

Não satisfeitas em permanecer em seus territórios de origem, muitas cidades-Estado gregas criaram colônias em outras terras. No total, foram fundadas mais de 400 nas costas do Mediterrâneo e do Mar Negro, disseminando a língua e a cultura gregas. Mesmo quando já não tinham mais o mesmo

---

* Nos casos em que obviamente o nascimento e morte de uma figura histórica (ou acontecimento) se deu antes de Cristo, e como a ideia do livro é ser sintético ao máximo, o a.C. foi suprimido. (N. E.)

poder político, as cidades-Estado gregas continuavam a ter uma imensa influência cultural.

Europeus Notáveis: Sócrates (470-399)

A cultura grega desse período teve um impacto duradouro, sobretudo no campo da filosofia. Um dos primeiros grandes filósofos gregos foi Sócrates, que buscava respostas para questões fundamentais, como viver uma "vida boa". As autoridades atenienses o julgaram culpado por corromper a juventude e não acreditar nos deuses; foi condenado à morte e, apesar da insistência de seus seguidores para que se exilasse, submeteu-se à punição e ingeriu uma dose letal de cicuta. Seu discípulo Platão (428-347) sustentava que os seres humanos são dotados de um senso inato do bem e do mal; em 387 a.C., fundou a Academia, uma escola de filosofia em Atenas. Um de seus alunos, Aristóteles (384-322), acreditava que o mundo deveria ser compreendido empiricamente e, por isso, exerceu importante influência no desenvolvimento do pensamento científico. Juntos, os três são considerados os pais da filosofia ocidental.

As Guerras Médicas

A atividade colonial e a interferência grega na Ásia Menor provocaram um conflito com o Império Persa, que dominava grande parte do Oriente Médio. Em resposta, os persas invadiram a Grécia continental em 490 a.C.: desembarcaram em Maratona e já se preparavam para marchar até Atenas, quando foram derrotados por um exército de hoplitas gregos, que os forçaram a recuar.

Dez anos depois, no ano 480, eles voltaram. Dessa vez, com um vasto exército (historiadores antigos falam em

2.500.000 homens, mas essa não é uma estimativa realista — o número verdadeiro era de cerca de um décimo desse valor, ainda assim elevadíssimo para os padrões da época), acompanhado de uma numerosa esquadra. Para expulsar os invasores, as cidades-Estado gregas deixaram as diferenças de lado para formar uma aliança liderada por Atenas e Esparta. Na Batalha das Termópilas, um exército grego de 7.000 soldados, comandado pelo rei espartano Leônidas I (que morreria nesta batalha, em 480), enfrentou uma força persa dez vezes maior. Defendendo um desfiladeiro, eles conseguiram impedir o avanço do inimigo durante três dias, o que deu tempo para se reagruparem e prepararem posições defensivas mais fortes. Embora a Pérsia tenha conquistado Atenas, a Grécia se manteve desafiadora. Um mês depois, na Batalha de Salamina, uma frota grega de 370 navios enfrentou uma força naval persa com mais do que o dobro do seu tamanho. Os gregos inteligentemente atraíram os persas para uma baía estreita, mas, como a sua enorme esquadra era uma desvantagem, foram obrigados a recuar. No ano seguinte, os exércitos gregos derrotaram os persas em terra, forçando-os a voltar para casa mais uma vez.

As lideranças atenienses e espartanas se desentenderam quanto a que atitude tomar em seguida. Esparta queria selar a paz com os persas, enquanto Atenas estava disposta a continuar combatendo-os na Ásia Menor. Como resultado disso, Atenas formou a Liga de Delos, uma aliança com outras cidades-Estado gregas que compartilhavam o mesmo ponto de vista, e a guerra contra os persas continuou até 449 a.C.

O Reino de Esparta

Esparta surgiu como cidade-Estado durante o século 10 a.C. e se tornou uma grande potência por volta do ano 650 a.C. Ao contrário de outras cidades gregas, Esparta não possuía uma assembleia democrática. Em vez disso, contava com dois reis hereditários. Com o tempo, esses monarcas foram se tornando menos poderosos e passaram a exercer um papel meramente decorativo, enquanto crescia a influência do conselho dos anciãos (gerúsia) e das autoridades eleitas (éforos). Esparta era altamente militarizada; todos os cidadãos deveriam portar armas. Aos 7 anos de idade, os homens livres iniciavam um rigoroso regime de treinamento militar (agogê) e, aos 20, eram recrutados pelo exército. As mulheres espartanas, que também recebiam treinamento físico e marcial, assumiam o lar enquanto os homens estavam em campanha. Apesar de viverem numa região fértil, os espartanos não cultivavam suas terras, por isso forçavam a população vizinha a trabalhar para eles. Essas pessoas, conhecidas como *hilotas*, não eram legalmente escravizadas, mas, como estavam proibidas de deixar suas terras, a diferença na prática era mínima. No século 6 a.C., havia dez vezes mais hilotas do que cidadãos em Esparta. Para manter a ordem, foi criada uma polícia secreta, a *Cripteia*, cuja função era monitorar os hilotas e prevenir revoltas.

Após a derrota dos persas, formaram-se dois blocos de poder na Grécia: a Liga de Delos, liderada por Atenas, e a Liga do Peloponeso, liderada por Esparta. Tensões entre as duas alianças levaram à Primeira Guerra do Peloponeso (460-445). Um segundo conflito de grandes proporções teve início em 431 a.C. Os espartanos avançaram pelos campos no entorno de Atenas, mas não conseguiram romper as muralhas da cidade. A guerra prosseguiu até 404 a.C., quando Esparta (que ironicamente se aliara com a Pérsia) derrotou a frota ateniense, forçando a cidade a se render. A derrota foi um golpe mortal no domínio político e econômico dos atenienses, tornando Esparta a maior potência da Grécia. Contudo, os espartanos não foram capazes de assegurar a estabilidade na região, e as guerras entre as cidades-Estado se tornaram mais comuns. Isso levou a um esvaziamento do poder, que viria a ser preenchido pela ascensão da Macedônia.

A Ascensão da República Romana

Reza a lenda que Roma, construída sobre sete colinas às margens do Rio Tibre, teria sido fundada em 753 a.C. por Rômulo, que se tornou o primeiro rei da cidade. A monarquia romana não era hereditária — o Senado, uma assembleia de patrícios (nobres proprietários de terras), escolhia o rei. Em 509 a.C., Tarquínio, o Soberbo (535-496), foi destronado por uma rebelião popular que instaurou uma república. A política romana baseava-se no *cursus honorum*, uma sequência de cargos eletivos que um político tinha de ocupar como pré-requisito para se tornar cônsul. A cada ano eram eleitos dois cônsules (cada um deles com poder de veto sobre as ações do outro) para conduzir a república. Não era um sistema plenamente democrático para os padrões atuais, pois somente os homens livres podiam votar, e o suborno e a intimidação dos eleitores corriam soltos.

Nos dois séculos seguintes à sua fundação, a República Romana se expandiu pela península itálica. Do século 3 ao 1 a.C., Roma ampliou seu controle sobre o Mediterrâneo, derrotando os cartagineses nas Guerras Púnicas e conquistando a Grécia, a Síria e partes da Ásia Menor. A força militar desempenhou um papel crucial na ascensão romana: inicialmente, o exército romano era uma milícia de cidadãos que dedicava parte do seu tempo ao serviço militar, mas, com o crescimento de Roma, ele se profissionalizou. Em 107 a.C., o general e político Caio Mário (157-86) promoveu uma série de reformas militares, padronizando o treinamento e os equipamentos, e insistindo para que que os veteranos recebessem terras após o serviço militar. As reformas de Caio Mário criaram um exército regular preparado e motivado, o que se mostrou uma faca de dois gumes — alguns soldados se tornaram mais fiéis a seus generais do que à república, levando à guerra civil.

Por muito tempo, foram tensas as relações entre os cidadãos comuns (plebeus) e os patrícios. Isso levou à criação, em 287 a.C., de um novo cargo eletivo, o de tribuno, cuja função era intervir em benefício dos plebeus. Durante as décadas de 130 e 120 a.C., o posto foi ocupado por Tibério Graco (169-133) e seu irmão Caio Graco (154-121), que tentaram implementar reformas em benefício dos plebeus. O ponto central do plano era uma ampla reforma agrária, mas os irmãos foram assassinados por partidários dos patrícios antes de alcançarem seus objetivos. A política romana descambou para a rivalidade entre os elitistas e tradicionalistas *optimates* e os *populares*, representantes dos plebeus.

As décadas de 90 e 80 a.C. foram caracterizadas pela desordem. Na Guerra Social (91-88 a.C.), cidades italianas antes aliadas de Roma se voltaram contra os romanos; foram derrotadas, mas, a fim de evitar futuros conflitos, concedeu-se a cidadania romana à maioria dos aliados italianos. Sila (138-78) foi um dos principais generais romanos nessa guerra; de 88 a 80, travou duas guerras civis para assumir o controle da república e promoveu violentos expurgos de adversários políticos. Isso foi um divisor de águas; pela primeira vez, soldados romanos lutaram uns contra os outros em batalhas campais — não seria a última.

AS TRIBOS GERMÂNICAS

Por volta de 1200 a.C., durante a Idade do Bronze tardia, as tribos germânicas, de origem indo-europeia, haviam se fixado no sul da Escandinávia e norte da Alemanha. Após dominar o uso do ferro, expandiram-se para além dessas regiões. Um grupo germânico, os bastarnas, migrou para o Leste, chegando até o delta do Danúbio no século 3 a.C. Em 113 a.C., tribos germânicas que haviam avançado para o Sul e para o Oeste entraram em confronto com Roma. Duas delas, os cimbros e os teutões, impuseram várias derrotas aos romanos antes de serem derrotadas em 101 a.C. Mais tarde, com a conquista da Gália por Júlio César, os germânicos que haviam se estabelecido a oeste do Reno ficaram sob o domínio romano, e muitos deles serviram no exército romano. Roma jamais conseguiu eliminar completamente a ameaça germânica e travou uma série de guerras contra eles, que duraram até o século 6.

Europeus Notáveis: Alexandre, o Grande (356-323)
A Macedônia era um pequeno reino no nordeste da Grécia que, após a Guerra do Peloponeso, ascendeu até se tornar a potência dominante na região. De 350 a 338 a.C., Filipe II (382-336), seu rei, manteve sob controle toda a Grécia continental, mas, quando se preparava para invadir o Império Persa, foi assassinado por um de seus guarda-costas.

Filipe foi sucedido por Alexandre, seu filho de 20 anos, que teve o filósofo Aristóteles como preceptor. As conquistas de Alexandre superariam as do pai, estendendo-se do Egito ao atual Paquistão. Em 334 a.c., Alexandre invadiu o Império Persa. Ele passaria a década seguinte lutando na Ásia e no norte da África. Embora muitas vezes estivesse em desvantagem numérica de dois para um, jamais perdeu uma batalha, graças à sua capacidade de liderança. Além de suas habilidades estratégicas e táticas, era também um mestre da logística, garantindo que seus homens estivessem sempre bem abastecidos. Em 330 a.c., já havia conquistado o vasto Império Persa. Insatisfeito, avançou em direção ao subcontinente indiano, chegando até o Rio Hidaspes em 326 a.C.; nesse ponto, seus homens, que haviam passado anos longe de casa, recusaram-se a avançar. Reza a lenda que ele teria chorado por não poder realizar mais conquistas.

Alexandre então se estabeleceu na Pérsia, onde passou a adotar os trajes e costumes locais, e a recrutar persas para o exército e o governo. Isso, além de seu casamento com Roxana da Báctria (*c.* 340-310), filha de um nobre da Ásia Central, enfureceu muitos de seus apoiadores gregos, gerando uma tensão. Destemido, permaneceu na Pérsia e começou a planejar a invasão da Arábia. Em 323 a.C., quando estava na Babilônia, Alexandre morreu. Levantou-se a suspeita de que tivesse sido envenenado por conspiradores, mas a causa da morte pode ter sido uma doença, agravada por anos de campanhas militares e excesso de bebida alcoólica. Depois de sua morte, o império se fragmentou — era grande demais para ficar nas mãos de um único homem. Seus principais generais dividiram o território entre si, inaugurando suas próprias dinastias imperiais. As mais duradouras e poderosas foram o Império Selêucida

(312-64 a.C.), que se estendia da Anatólia à Ásia Central, o Império Antigônida (306-168 a.C.), na Grécia, e o Império Ptolomaico (305-30 a.C.), no Egito.

Cartago e Aníbal

Cartago (na atual Tunísia) foi fundada pelos fenícios, provavelmente no final do século 8 a.c. Depois da destruição de Tiro (outra cidade comercial fenícia) por Alexandre, o Grande, em 332 a.C., Cartago se tornou um importante centro comercial mediterrâneo. Decorrido um século, a cidade ficou rica e poderosa, contando com o maior porto da região. Graças à sua pujante marinha e às tropas recrutadas entre as tribos locais numídias, os cartagineses construíram um império abarcando partes do norte da África, o sul da Espanha, as Ilhas Baleares, a Córsega e a Sardenha.

Roma e Cartago se envolveram num conflito pela Sicília, que antes fora, em grande parte, dominada por colonos gregos. As Guerras Púnicas (do latim *punicus*, termo pelo qual os romanos se referiam aos cartagineses) começaram em 264 a.C. Roma fortaleceu seu poderio naval e, em 241 a.C., derrotou Cartago e conquistou a Sicília. Três anos depois, anexou a Córsega e a Sardenha. O conflito recomeçou em 218 a.C., quando o general cartaginês Aníbal Barca (247-182) lançou um ataque preventivo contra Roma. Seu exército marchou desde a Espanha, cruzando os Alpes e a Itália a partir do Norte. Tribos italianas rebeladas contra Roma se juntaram à marcha. Na Batalha de Canas, em 2 de agosto de 216 a.C., ele aniquilou um exército romano, mas não pôde aproveitar o seu êxito. Aníbal não tinha soldados suficientes para a tomada de Roma. Em vez de tentar derrotá-lo numa batalha, os romanos lançaram ataques menores e persistentes. Abandonado pelos aliados locais, passou a ter dificuldades para obter suprimentos. Em 203 a.C., foi chamado de volta a Cartago, que enfrentava uma invasão romana, mas acabou derrotado no ano seguinte. Os cartagineses foram obrigados a selar a paz, pagando aos romanos uma vultosa indenização e cedendo-lhes o domínio da Espanha. Debilitada tanto pela dívida de guerra como pelos ataques da Numídia, Cartago ficou reduzida a uma sombra de seu antigo poder. Em 149 a.C., Roma, visando dominar o norte da África, enviou um exército para destruir a cidade. Após três anos de cerco, Cartago sucumbiu, foi saqueada e incendiada.

Europeus Notáveis: Caio Júlio César (100-44)
Na juventude, César deixou Roma, fugindo dos expurgos de Sila, e serviu o exército romano na Ásia Menor. Quando Sila morreu, em 78 a.C., César retornou à cidade, onde trabalhou como advogado e ficou famoso por sua oratória. Em 75 a.C., durante viagem à Grécia, foi sequestrado por piratas; após o pagamento do resgate, liderou uma expedição para encontrá-los e, devidamente localizados, executou seus captores.

César, então, iniciou de fato sua carreira política, conquistando cargos cada vez mais importantes. Embora oriundo de uma família patrícia, ele pertencia à facção dos *populares*. Em 60 a.C., formou uma aliança, o chamado Triunvirato, com dois políticos poderosos: Marco Licínio Crasso (*c.* 115-53), o homem mais rico de Roma, e Pompeu (106-48), conhecido como *Magnus* ("O Grande") por suas vitórias militares. Juntos, dominaram a política romana. Em 59 a.C., César foi eleito cônsul. Após o fim de seu mandato anual, realizou uma campanha militar na Gália. Ao longo dos oito anos seguintes, subjugou as tribos celtas locais e anexou o território a Roma. Invadiu também a Britânia duas vezes (em 55 e 54 a.C.), mas não a conquistou; em vez disso, nomeou um rei cliente.

Temendo que César se tornasse poderoso demais, os conservadores do Senado ordenaram que ele voltasse a Roma e abrisse mão de seu exército. César se recusou a cumprir tal ordem e conduziu suas forças para a Itália em 49 a.C., desencadeando uma guerra civil. O conflito se espalhou pelo Mediterrâneo, da Espanha à Grécia. Em 48 a.C., a guerra o levou ao Egito, onde conheceu Cleópatra (69-30), que disputava o domínio do país com o irmão. César e Cleópatra se tornaram amantes, e ele providenciou que ela fosse coroada rainha do Egito. Em 45 a.C., César derrotou o último exército dos *optimates* na Espanha. Triunfante, retornou a Roma, onde foi nomeado Ditador Perpétuo. Governou sem consultar o Senado, aprovando uma série de novas leis. Uma de suas mais importantes reformas foi um novo calendário, que seria usado em grande parte da Europa até 1582 (na Rússia, foi substituído somente em 1918). Em 15 de março de 44 a.C., numa tentativa de golpe de Estado, um grupo de senadores matou César a facadas. Mesmo com sua morte, os conspiradores não foram capazes de restabelecer a antiga ordem política.

A Fundação do Império Romano
César escolheu o sobrinho-neto Otávio (63-14 d.C.) como seu herdeiro. Ao formar o Segundo Triunvirato com dois dos aliados mais importantes de César — Marco Antônio (83-30) e Marco Emílio Lépido (*c.* 89-13) —, os três criaram uma lei concedendo a si mesmos poder ditatorial sobre Roma e seus territórios, e juntos derrotaram a oposição senatorial em 40 a.C.

Otávio se destacou como o mais importante. Em 36 a.C., Lépido teve a maioria dos seus poderes retirada e foi exilado de Roma. Marco Antônio, que havia iniciado um relacionamento amoroso com Cleópatra, rompeu com Otávio. O conflito entre eles recomeçou em 32 a.C., e Otávio triunfou dois anos depois. Para não serem presos e levados a Roma acorrentados, Marco Antônio e Cleópatra cometeram suicídio, e o Egito foi submetido ao domínio romano. Não tendo mais nenhum rival importante, Otávio conseguiu abolir o antigo sistema republicano. Embora tenha sobrevivido como instituição, o Senado não foi capaz de detê-lo, pois ele contava com enorme fortuna pessoal, popularidade e a lealdade de seus veteranos. Em 27 a.C., tornou-se imperador de Roma. Seus novos títulos foram *Imperador* (que vem da palavra *imperium*, cujo significado é "poder para comandar"), *Augusto* (que significa "venerável" — título pelo qual ficou conhecido) e *Príncipe* (*"primeiro cidadão"* — um aceno à república). O restante do reinado de Augusto foi, em boa parte, pacífico e durou até sua morte no ano 14.

Como Augusto não tinha filho do sexo masculino, não havia clareza sobre quem deveria sucedê-lo. Para evitar a desordem, o imperador designou Tibério (42 a.C.-37), seu enteado, como herdeiro. Tibério havia sido um general competente, mas, depois de coroado imperador, tornou-se melancólico e recluso, refugiando-se muitas vezes em suas *villas* litorâneas e deixando o governo de Roma a cargo de seus auxiliares. Foi sucedido por Calígula (12 a.C.-41), seu sobrinho-neto e neto adotivo. De início, o jovem imperador foi moderado e popular, mas logo se transformou num tirano violento e terminou assassinado. Seu tio Cláudio (10 a.C.-54) evitou todas as tentativas de restauração da república, garantindo a continuidade do sistema imperial, mas após sua morte,

Nero (37-68), seu filho adotivo, sucedeu-o. Nero se tornou cruel e chegou mesmo a ordenar o assassinato da própria mãe. Sua extravagância e insensibilidade provocaram revolta, forçando-o à renúncia e ao suicídio.

A morte de Nero pôs fim à dinastia "júlio-claudiana". Seguiu-se a agitação política do Ano dos Quatro Imperadores em 69. Os golpes de Estado, geralmente com o apoio de forças militares, tornaram-se parte do cotidiano do Império Romano. Apesar da instabilidade ocasional, o império manteve-se coeso por séculos, graças a suas instituições sólidas e poderosas, como a sua burocracia, infraestrutura de transporte (sua rede de estradas cobria em torno de 400.000 km) e sistema jurídico. A espinha dorsal do império era o Exército Imperial, e sua principal unidade, a legião, composta de 5.000 soldados de infantaria (cidadãos romanos que serviam como voluntários durante 25 anos e eram altamente disciplinados e muito bem equipados). Em seu auge, o Exército Imperial possuía cerca de 30 legiões. Não cidadãos podiam servir o exército como *auxilia* (principalmente infantaria leve, arqueiros e cavalaria), e chegaram a ser mais de 300.000 homens.

A Expansão do Cristianismo

Jesus de Nazaré nasceu na Judeia, que se tornou província romana no ano 6. Ele começou a pregar e a atrair seguidores; seu ministério causava preocupação entre as autoridades romanas, que o viam como uma ameaça ao seu domínio. Por volta do ano 30, foi crucificado em Jerusalém, por ordem do governador romano. Isso não deteve o crescimento da religião inspirada por seus ensinamentos — o Cristianismo. Após sua morte, os discípulos espalharam sua mensagem, aventurando-se da Judeia em direção ao restante do Oriente Médio e do Mediterrâneo. No início, a ampla maioria dos cristãos eram judeus, mas, depois do Concílio de Jerusalém (*c.* do ano 50), decidiu-se que membros de outras comunidades também poderiam se converter.

Uma das figuras mais importantes na Igreja Primitiva foi São Paulo de Tarso (*c.* 5-67), um judeu da Anatólia que havia perseguido os cristãos. Após ter tido uma visão de Jesus envolto numa luz ofuscante quando viajava de Jerusalém para Damasco, tornou-se completamente devoto ao Cristianismo. Por ter cidadania romana, Paulo podia viajar pelo império, pregando, redigindo cartas que expunham algumas das principais doutrinas do Cristianismo e fundando igrejas. São Pedro (1 a.C.-67), um dos apóstolos de Jesus, viajou para Roma, onde fundou uma igreja com Paulo. Os católicos reconhecem Pedro como o primeiro papa. Foi executado por ordem de Nero; conta-se que, por ocasião de seu martírio, pediu que fosse crucificado de cabeça para baixo, pois não se considerava digno de morrer da mesma maneira que Jesus. Paulo também morreu em Roma: detido quando pregava em Jerusalém, em vez de ser julgado, exigiu que, como cidadão, fosse levado a Roma para apelar ao imperador. À semelhança de Pedro, foi executado por ordem de Nero, embora, provavelmente, tenha sido decapitado, e não crucificado. Apesar da perda de duas de suas principais figuras, o Cristianismo, com sua mensagem de salvação eterna após a morte, foi pouco a pouco ganhando seguidores em todo o mundo romano (e além dele), sobretudo nas cidades e entre os pobres. Os cristãos sofreram perseguição por comunidades que acreditavam que sua presença causava infortúnio. Além disso, as autoridades imperiais romanas os associavam à desordem e os acusavam de desobediência ao imperador.

Com o passar do tempo, o Cristianismo se tornou mais sistematizado e organizado. Durante a segunda metade do século 1, o Novo Testamento foi escrito e compilado, registrando a vida de Jesus e a história da Igreja Primitiva. Para esclarecer e estabelecer a doutrina, foram realizados vários concílios, nos quais os líderes e teólogos da Igreja debatiam questões de fé. Além disso, no século 2, surgiu uma hierarquia eclesiástica, com os bispos de grandes cidades, como Antioquia, Roma e Alexandria, reivindicando sua autoridade sobre as regiões circundantes.

O Império Romano em seu Apogeu

O Ano dos Quatro Imperadores terminou com o General Vespasiano (9-79) sendo declarado imperador por suas legiões em 69. Vespasiano governou por uma década, restabelecendo a ordem e iniciando uma sequência de imperadores, em sua maioria competentes, que durou mais de um século. Foi um período de relativa paz e prosperidade para o Império Romano. A colonização romana proporcionou inúmeros benefícios — estradas, arquitetura, higiene e comércio, só para citar alguns (grande parte disso, devemos nos lembrar, dependia de escravizados que representavam, pelo menos, um décimo da população). Um importante instrumento utilizado para unir o Império Romano foi garantir direitos legais a alguns habitantes de regiões aliadas e conquistadas (apenas as elites locais costumavam receber a cidadania plena). Os cidadãos romanos contavam com a proteção das leis imperiais e tinham o direito de ser levados a julgamento.

O Império Romano chegou à sua maior extensão no ano 117 sob o reinado de Trajano (53-117), general nascido na

Hispânia, que se tornou imperador com o apoio do exército. Sob seu comando, os romanos venceram as Guerras Dácias (101-2 e 105-6), e Roma estendeu seu império até os Bálcãs. Trajano dirigiu, então, suas atenções para o Leste, combatendo o Império Parto (que cobria grande parte dos atuais Irã e Iraque), saqueando sua capital e anexando parte do território. Após esse triunfo, Trajano, cuja saúde declinava, morreu na Ásia Menor enquanto viajava de volta para Roma.

Após o reinado de Trajano, Roma passou a evitar guerras de conquista, priorizando a defesa das suas fronteiras. Adriano (76-138), primo, filho adotivo e sucessor de Trajano como imperador, abandonou algumas das conquistas recentes e iniciou uma política de fortalecimento e ampliação das defesas nas fronteiras de Roma, ordenando a construção de muralhas, fortes e torres. Empreendeu uma longa viagem pessoal por seu império, visitando a Britânia, o norte da África, a Grécia, a Ásia Menor e o Oriente Médio, inspecionando as tropas e examinando questões locais. Um dos símbolos de sua política de entrincheiramento foi a Muralha de Adriano, fortificação de pedra com cerca de 120 km, construída de 122 a 128, que protegia o norte da Bretanha das tribos do Norte. Ainda mais extensa era a *Limes Germanicus* (Fronteira da Germânia), uma série de fortificações que, combinadas com as barreiras naturais dos rios Danúbio e Reno, evitavam as incursões das tribos germânicas.

A desordem voltou no reinado de Cômodo (161-192), que escandalizava Roma lutando na arena como um gladiador (apresentando-se, às vezes, como o próprio deus Hércules), matando não só oponentes, mas também animais exóticos, como avestruzes, leões e girafas. Suas tendências megalomaníacas crescentes, que beiravam a insanidade e o fizeram

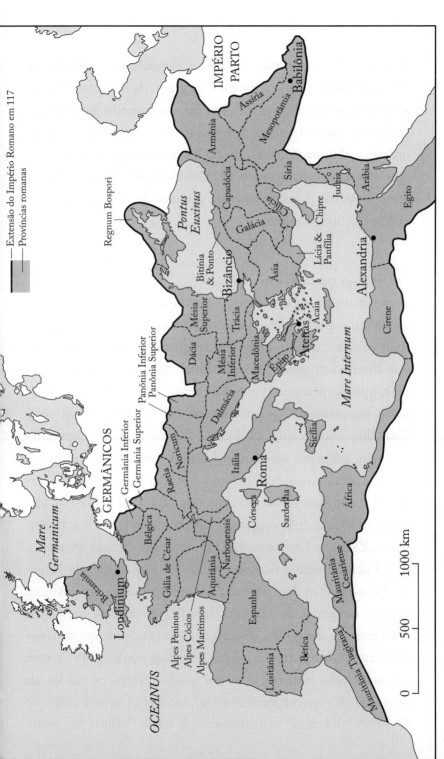

O Império Romano em sua máxima extensão, no ano 117

renomear Roma como *Colonia Commodiana* (Colônia de Cômodo), levaram-no à morte. Um grupo de seus conselheiros se voltou contra ele e enviou seu lutador favorito para estrangulá-lo durante o banho. Em vez de promover um retorno à ordem, a eliminação de Cômodo levou a uma guerra civil e ao Ano dos Cinco Imperadores (193). O Império Romano chegava ao século 3 cada vez mais distante de uma estabilidade política de longo prazo.

A Divisão do Império

A partir do início do século 3, os imperadores soldados, que tomavam o poder com o apoio de suas legiões, tornaram-se mais comuns; de 235 a 284 houve quatorze deles. Seus reinados foram, em geral, breves, não ultrapassando alguns anos, pois, quando perdiam o apoio de seus soldados, ficavam sujeitos a ser assassinados por eles ou derrotados por um rival. Em 284, Diocleciano (244-311) foi proclamado imperador por seus soldados; seu reinado durou mais de duas décadas. Cruel e autocrático, restabeleceu a ordem expurgando os inimigos e reprimindo as revoltas. De 303 a 311, Diocleciano instigou a Grande Perseguição, sujeitando os cristãos à violência do Estado e limitando severamente seus direitos legais.

O grande legado de Diocleciano foi a separação do Império Romano. Em 286, nomeou um coimperador para governar a parte ocidental do império. Em 293, promoveu mais uma transferência de poder, dividindo o império em quatro (sistema conhecido como tetrarquia — "governo de quatro"), com um imperador superior e outro inferior (com os títulos de Augusto e César, respectivamente), tanto no Oriente como no Ocidente. Centros administrativos, como Milão, no norte da Itália, Nicomédia, na Anatólia, Tréveris, na Gália, e Sírmio, na região do Danúbio, foram estabelecidos em áreas periféricas, possibilitando um monitoramento mais próximo das fronteiras imperiais. As partes oriental e ocidental do Império Romano se tornaram cada vez mais separadas, tanto política como culturalmente (no Oriente, o grego tendia a ser mais falado do que o latim). Embora o império tenha sido por vezes reunificado, a divisão persistentemente ressurgia.

Europeus Notáveis: Constantino, o Grande (272-337)

Filho do Augusto ocidental, Constantino foi proclamado imperador em York pelas legiões do pai. O Império Romano entrou, então, num período de guerra civil e rebeliões, com imperadores rivais disputando o poder. O principal adversário de Constantino no Ocidente era Maxêncio (278-312). Em 312, depois de marchar com um exército pela Itália para encontrá-lo, Constantino venceu uma batalha decisiva na Ponte Mílvia, nas imediações de Roma. Dizem que, antes da batalha, ele recebera instruções num sonho para desenhar o cristograma "Chi Rho" (composto da superposição dessas duas letras gregas representando o Cristo) em seus escudos. Um outro relato registra que Constantino avistou no céu uma cruz luminosa pouco antes da batalha, acompanhada pelas palavras "Sob este signo vencerás".

Constantino, então, se tornou senhor do Império Ocidental. No ano seguinte, ele e o imperador oriental, Licínio (263-325), promulgaram o Édito de Milão. Este concedia aos cristãos (e a todas as demais religiões) liberdade de culto. Constantino e Licínio, contudo, se desentenderam, e a guerra civil foi iniciada em 324. Constantino saiu vitorioso e se autoproclamou imperador de ambas as metades do Império Romano. A cidade de Bizâncio, refundada por ele naquele ano como Constantinopla, tornou-se a capital do Império Oriental. Após um acelerado período de obras, a cidade foi consagrada, seis anos mais tarde, como a "Nova Roma".

O apoio de Constantino foi decisivo para o Cristianismo, assegurando sua sobrevivência e seu crescimento. Ele também teve uma grande influência sobre o desenvolvimento teológico da religião cristã. Em 325, convocou o Primeiro Concílio de Niceia, um grande encontro de líderes da Igreja para chegar a um consenso no Cristianismo, definindo questões como a data da Páscoa. Adoeceu em 337. Talvez por querer a absolvição para o maior número possível de pecados, foi batizado em seu leito de morte (seu desejo era ser batizado no Rio Jordão, à semelhança de Cristo, mas a doença o impediu). Apesar de seu apoio à fé cristã, ele não tornou o Cristianismo a religião oficial do Império Romano — isso ocorreu em 380, no reinado de Teodósio I (347-395), último imperador a governar o Oriente e o Ocidente (o reino da Armênia foi o primeiro a declarar o Cristianismo religião do Estado, em 301). A associação do Cristianismo com o Império Romano conferiu prestígio e proteção à religião, fazendo com que Roma se tornasse o mais importante centro da Igreja.

A Queda do Império Romano no Ocidente

Ao longo dos séculos 4 e 5, o Império Romano foi gradualmente perdendo força, em especial no Ocidente. A instabilidade política era apenas parte do problema; havia fissuras socioeconômicas profundas. Enquanto o império se tornava cada vez mais urbanizado (no século 2, a população de Roma já chegava a um milhão de habitantes — número que outras cidades europeias somente alcançariam no século 19), a produtividade agrícola declinava. As cidades densamente povoadas eram também anti-higiênicas, contribuindo para surtos de peste. A receita dos impostos tornou-se insuficiente para pagar a administração imperial e o controle militar, levando o governo a reduzir o valor do dinheiro, provocando inflação. Isso significou uma diminuição da confiança na moeda imperial e acabou derrubando o comércio interno.

Ao longo do século 5, a Itália sofreu sucessivos ataques. Em 410, os visigodos, ramo ocidental dos godos, saquearam Roma. Átila, o Huno, devastou o norte da Itália em 452, e, três anos mais tarde, Roma foi novamente saqueada, dessa vez pelos vândalos. O Império Romano no Ocidente finalmente terminou em 476, quando Odoacro (433-93), general germânico que comandava um contingente de soldados estrangeiros que servia o Império, derrotou o último imperador ocidental, Rômulo Augusto (*c.* 460-507). Odoacro se tornou rei da Itália sem muita oposição do povo de Roma. Em 489, os ostrogodos, ramo oriental dos godos, invadiram a Itália. Sob o comando de Teodorico, o Grande (454-526), ocuparam toda a península. Odoacro refugiou-se na cidade fortificada de Ravena, que os ostrogodos não conseguiram conquistar. Em 493, Teodorico se propôs a dividir o domínio da Itália com Odoacro, e este permitiu sua entrada em Ravena. Era uma armadilha. Poucos dias depois, o próprio Teodorico matou Odoacro e, em seguida, sua esposa e seu filho. Os ostrogodos dominariam a Itália por mais de meio século.

OS HUNOS

Os hunos, povo nômade da Ásia Central, migraram para a Europa em 375. No final do século 4, haviam chegado ao leste da Europa e estavam invadindo a Pérsia e o Império Romano no Oriente. Apesar de sua força militar, eram politicamente desunidos e muitas vezes careciam de um governante vigoroso. Isso mudou em 420, quando dois irmãos, Octar e Rugila, deram início à união dos hunos, tornando-se uma dupla de reis. Em 434, Rugila morreu e foi sucedido pelo sobrinho Átila (400-453), que governou junto com o irmão mais velho, Bleda, até a morte deste em 445. De 440 a 443, Átila atacou o Império Romano no Oriente, forçando-o a pagar o equivalente a 2.000 kg de ouro pela liberação de seus territórios, seguidos por um tributo anual de 700 kg. Átila, então, voltou suas atenções para o Ocidente, atacando a Gália em 451 e pilhando o norte da Itália em 452 (não conseguiu chegar a Roma). Em seguida, recuou para o leste do Danúbio e começou a preparar um ataque contra Constantinopla. Morreu antes de realizá-lo. Segundo um relato, ele teria morrido engasgado por um sangramento nasal após beber demais e desmaiar numa festa de casamento. Sem sua liderança, o Império Huno logo se desintegrou em facções rivais.

CAPÍTULO DOIS

A Era Medieval

Os Francos

Os francos foram um povo germânico que invadiu a Gália em meados do século 4. Com o vácuo de poder deixado pelo colapso do Império Romano no Ocidente, durante os séculos 5 e 6 os governantes francos dominaram a maior parte da Gália, o oeste da Germânia e os Países Baixos. Inicialmente, estavam divididos em reinos tribais. Clóvis I (c. 466-511) chefiava um desses reinos, o dos francos sálios. Em 509, ele unificou os francos, tornando-se seu primeiro rei e fundando a dinastia merovíngia, a qual existiu por mais de 200 anos. Converteu-se ao Catolicismo, dando um exemplo que disseminou o Cristianismo por toda a Frância.

Após a sua morte, o reino foi dividido entre seus filhos, conforme o costume franco. Isso levou a décadas de disputas entre diferentes ramos dos merovíngios e à fragmentação do reino original em reinos menores. No final do século 7, o poder dos monarcas merovíngios havia declinado e eles se tornaram figuras meramente cerimoniais, ofuscadas por seus "mordomos do palácio" (altos funcionários que, de fato, detinham o poder). Em 680, Pepino de Herstal (*c.* 635-714) se tornou mordomo do palácio da Austrásia, reino franco no nordeste francês. Sob sua liderança, venceram uma série de guerras, reunificando os territórios francos. Carlos Martel (*c.* 688-741), o filho de Pepino, deu continuidade à obra paterna, centralizando o poder e resistindo às incursões árabes na França. Em 751, o filho de Martel, Pepino, o Breve (*c.* 714-68), destituiu os merovíngios, tornou-se rei dos francos e deu início a uma nova dinastia chamada carolíngia.

Europeus Notáveis: Carlos Magno (*c.* 742-814)

Carlos Magno foi o filho mais velho de Pepino. Após a morte do pai, em 768, herdou apenas metade da França; a outra metade pertencia ao seu irmão, Carlomano (751-71). As relações entre ambos eram tensas, mas, quando a guerra entre os dois parecia iminente, Carlomano morreu. Carlos Magno assumiu o controle dos territórios do irmão e deu início a uma série de campanhas militares, muitas vezes liderando o exército nas batalhas. Seus maiores rivais eram os saxões, povo germânico pagão do Leste. Ao longo de três décadas de conflitos intermitentes, ele conquistou grande parte do oeste da Germânia e forçou os derrotados a se converterem ao Cristianismo. O incansável Carlos Magno também anexou o norte da Itália, o nordeste da Espanha, a Baviera, a Frísia e partes da Áustria e da Boêmia. No Natal de 800, foi coroado pelo papa como o primeiro imperador do Sacro Império Romano-Germânico e adotou esse título para sinalizar que era o sucessor dos imperadores romanos, acrescentando o "sacro" para mostrar que contava com a bênção da Igreja.

CAPÍTULO DOIS: A ERA MEDIEVAL

O Império Carolíngio sob o reinado de Carlos Magno, *c.* 814

Devido a suas guerras praticamente constantes e à vastidão de seu reino, Carlos Magno estava sempre viajando. Desenvolveu um sistema administrativo eficiente, empregando uma combinação de funcionários reais, elites locais, familiares e clérigos para fazer cumprir suas leis, manter a paz, coletar impostos e recrutar soldados. Foi um grande patrono das artes e do ensino, inaugurando um período de atividade cultural conhecido como Renascença Carolíngia. Sua cidade preferida era Aachen, a qual tornou capital do Império, e foi lá que morreu em 814, sendo sepultado na grandiosa catedral que mandara construir.

O império de Carlos Magno não durou muito. Na década de 830, desfez-se numa guerra civil entre seus netos e, em 843, foi dividido em três partes: Frância Ocidental, que se tornou o reino da França em 987; Frância Média, que se estendia dos Países Baixos até o norte da Itália e foi dividida em 855; e Frância Oriental, que correspondia à maior parte do Sacro Império Romano-Germânico quando este foi formalmente estabelecido em 962.

O Império Bizantino, 600-1100

Em 600, o Império Bizantino era a potência dominante no Mediterrâneo. Em seu centro estava o imperador, conhecido como *basileus*, em grego. O título não era totalmente hereditário: embora os imperadores muitas vezes deixassem a coroa para os filhos do sexo masculino, em tempos de crise eles corriam o risco de ser destronados. Rivais derrotados na disputa pelo trono imperial podiam ser confinados em mosteiros, cegados, castrados ou mortos.

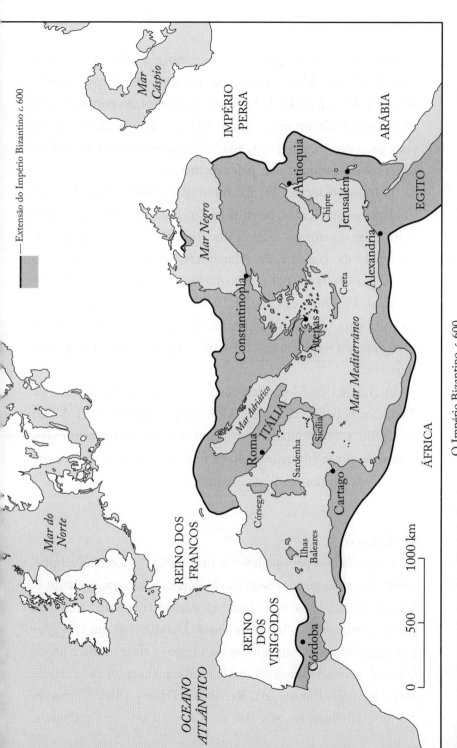

O Império Bizantino, c. 600

Apesar de ressurgimentos ocasionais, Bizâncio declinou durante a Idade Média. Isso começou no século 7, com a perda do controle do Egito e da Síria para os árabes. As perdas bizantinas prosseguiram: entre 827 e 902, o controle da Sicília foi para os árabes e, em 1071, suas últimas possessões no sul da Itália foram conquistadas pelos normandos.

Durante o século 11, Bizâncio se deparou com um novo inimigo: os seljúcidas, povo túrquico islâmico. Após dominar o Irã, eles invadiram a Anatólia em 1067. Em 26 de agosto de 1071, na Batalha de Manzikert, destruíram o exército bizantino enviado para derrotá-los, fazendo o Imperador Romano IV Diógenes (1030-1072) prisioneiro (foi mandado de volta para Constantinopla, mas durante sua ausência havia sido deposto — Romano foi então cegado e confinado num mosteiro).

A Batalha de Manzikert levou à tomada da Anatólia e da Terra Santa pelos seljúcidas. A dinastia comnena (1081-1185) restaurou a estabilidade e evitou novas incursões seljúcidas, mas o domínio bizantino estava restrito à Grécia, ao sudeste dos Bálcãs e a poucas ilhas mediterrâneas.

Os Eslavos

O povo eslavo é provavelmente originário do Leste Europeu, tendo migrado para as regiões do entorno durante o século 6. Inicialmente tribais, mais tarde eles se organizaram em vários reinos e principados independentes. Dividiam-se em três grupos linguísticos e culturais: os do Oeste se fixaram na Europa Central, onde, do século 8 ao 10, fundaram estados nos territórios das atuais Eslováquia, República Tcheca e Polônia; os do Sul se estabeleceram nos Bálcãs; e os do Leste se espalharam por uma extensa região que cobria grande parte do que é hoje o oeste da Rússia, Belarus e a Ucrânia.

Ninguém influenciou mais a cultura e a religião eslavas do que os irmãos Cirilo (*c.* 827-69) e Metódio (*c.* 815-84). Nascidos na Grécia, então sob domínio bizantino, o primeiro era professor de filosofia e o outro, abade. Em 862, foram encarregados de realizar trabalhos missionários entre os eslavos. Sua primeira incumbência foi traduzir a Bíblia e outros textos religiosos para as línguas eslavas. Para tal fim, criaram o glagolítico, um novo sistema de escrita concebido especialmente para a representação das línguas eslavas. Baseado no alfabeto grego, ele se desenvolveu até se tornar a escrita cirílica, ainda hoje utilizada no leste da Europa por várias nações. Em 863, os irmãos partiram para difundir o Cristianismo entre os eslavos. Graças, em grande parte, ao uso que faziam da língua vernácula, a missão foi muito bem--sucedida e ganhou o apoio do papa e do imperador bizantino. No século 10, os eslavos estavam amplamente cristianizados, mas se dividiram entre diferentes ramos da Igreja. Os eslavos do Oeste aderiram, de um modo geral, à Igreja Católica Romana, enquanto os do Sul e do Leste seguiram a Igreja Ortodoxa Oriental. Cirilo e Metódio foram canonizados por ambas as Igrejas e, em 1980, o papa os incluiu entre os santos padroeiros da Europa.

A Invasão da Europa pelos Árabes

No início do século 7, o profeta islâmico Maomé (*c.* 570-632) fundou a religião muçulmana e unificou as tribos árabes sob sua liderança. Após sua morte, foi sucedido por um regime chamado Califado Rashidun (nome originário do título de *califa*, alguém considerado um sucessor de Maomé). No decorrer do século seguinte, o califado avançou pelo Oriente Médio, Ásia Central e norte da África. Seu êxito se deveu muito ao fato de que seus dois maiores rivais, os bizantinos e os persas, estavam esgotados após três décadas de combates entre si. Mais do que a maioria dos regimes medievais, o califado era bastante tolerante com outras religiões em seus territórios; os simpatizantes não eram obrigados a se converter, mas tinham de pagar um imposto chamado *jizia*.

Após uma guerra civil entre as lideranças muçulmanas, uma nova família assumiu o controle em 661, fundando o Califado Omíada. Os novos governantes completaram a conquista do norte da África, de maioria cristã, mas que, aos poucos, foi se convertendo até os muçulmanos predominarem. Os árabes avançaram, então, até a Península Ibérica, dominada pelos visigodos. Em 711, um exército omíada atravessou o Estreito de Gibraltar em direção ao sul da Espanha, vencendo todas as resistências e conquistando Toledo, a capital visigótica. Em duas décadas, já haviam conquistado a maior parte da Ibéria, criando um território chamado Al-Andalus. Avançaram, em seguida, para o norte dos Pireneus. Em 732, eles enviaram uma grande força expedicionária à França, que enfrentou um exército franco na Batalha de Poitiers,* no centro-norte da França. Carlos Martel, o comandante dos francos, saiu vitorioso após resistir firmemente, de uma posição elevada, à investida omíada e expulsar seu exército.

A Batalha de Poitiers é considerada por alguns o momento em que a cristandade se livrou do violento ataque islâmico. A derrota foi apenas parte do motivo pelo qual os muçulmanos

---
* Também conhecida como Batalha de Tours. (N.T.)

interromperam o avanço em direção à Europa Ocidental. Em primeiro lugar, havia uma revolta berbere, no atual Marrocos, que precisava ser reprimida. Em segundo lugar, houve uma guerra civil no califado, que durou de 747 a 750 e levou à derrota dos omíadas pela família abássida. Os abássidas instalaram sua capital em Bagdá, o maior centro intelectual do mundo na época e a essência da Idade do Ouro islâmica. Graças ao trabalho de seus estudiosos, milhares de obras clássicas europeias foram salvas do esquecimento ao serem traduzidas para o árabe.

Apesar da desordem no Oriente Médio, persistiu o domínio árabe na Ibéria. Em 756, um príncipe omíada, que escapara da guerra civil, fundou um emirado independente, que dominou boa parte da península. Durante o século 10, sua capital, Córdoba, se tornou a maior cidade da Europa, chegando a quase meio milhão de habitantes. Ela atraía artesãos e arquitetos qualificados, e novas ideias e tecnologias foram importadas do mundo árabe. Córdoba era também um grande centro de erudição e produziu dois dos maiores filósofos medievais: o muçulmano Averróis (1126-98), que, com seus comentários, reavivou o interesse pelos textos de Aristóteles, e Maimônides (1138-1204), rabino considerado o mais influente comentador da lei judaica.

A República de Veneza

Situada numa lagoa costeira no nordeste da Itália, Veneza se desenvolveu como um santuário para aqueles que fugiam das invasões dos germânicos e dos hunos nos séculos 5 e 6. No início do século 8, a cidade elegeu um governante vitalício, conhecido como "doge" (do latim *dux*, líder). Veneza estava originalmente sob o domínio bizantino, mas, no século 9, caminhava para a independência. Na extremidade norte do Mar Adriático, a cidade gozava de uma localização privilegiada entre a Europa Ocidental e o Império Bizantino, e se tornou um importante centro comercial.

A riqueza e o poderio da cidade cresceram após o final do século 11. Em 1082, Veneza assinou um tratado com Bizâncio, concordando em apoiá-lo no conflito com os normandos. Com isso, a cidade ganhou concessões lucrativas, incluindo a isenção de impostos comerciais no Império Bizantino, além de sua própria parte territorial em Constantinopla. No século 13, já havia conquistado um império, que cresceu até incluir ilhas gregas nos mares Egeu e Jônico, áreas costeiras no leste do Adriático, e o Chipre. No século 15, expandiu-se para as áreas vizinhas na Itália continental, mas, no século 16, o poder veneziano declinou, e a cidade perdeu a maior parte de suas possessões ultramarinas.

Os venezianos não limitavam suas atividades à Europa. Eles miravam mais longe, em direção ao Extremo Oriente, onde atuavam no estabelecimento de conexões comerciais. A Europa e a Ásia estavam conectadas desde o século 2 a.C. pela Rota da Seda (uma rede de rotas marítimas e terrestres). Mercadorias como especiarias, cerâmicas e seda eram enviadas para o Ocidente, enquanto tecidos, vinho e metais preciosos eram transportados para o Oriente. O mais famoso mercador veneziano foi Marco Polo (1254-1324), que viajou pela Ásia de 1271 a 1295, passando boa parte do seu tempo na China. O relato de sua jornada, intitulado *Il Milione*,* era imensamente popular, e suas histórias sobre as riquezas e maravilhas

---

* Amplamente conhecido como *As Viagens de Marco Polo*. (N.T.)

da Ásia inspiraram muitos exploradores e comerciantes europeus a viajar para lá.

Os Vikings

Em 793, Lindisfarne, mosteiro ao largo da costa do nordeste da Inglaterra, foi saqueado por guerreiros vindos do mar. Esses invasores pagãos eram os vikings (também chamados nórdicos). Originários da Escandinávia, viviam em sociedades organizadas em clãs, compostas, em sua maior parte, por camponeses independentes. Dos séculos 9 ao 11, os vikings faziam incursões por toda a Europa, chegando ao Mar Cáspio a Leste, à Espanha ao Sul e à Irlanda a Oeste. Eram hábeis navegadores e construtores navais, capazes de ataques fulminantes graças a seus dracares — embarcações compridas e estreitas igualmente eficientes em mar aberto, em águas costeiras rasas e em rios.

Os vikings também criaram rotas comerciais que se estendiam até o Oriente Médio. Em torno do ano 900, começaram a migrar para outras terras. Alguns foram para o Oeste, colonizando os arquipélagos Shetland e Órcades, as Ilhas Faroé, a Islândia e a Groenlândia, assim como estabelecendo por pouco tempo uma colônia em Terra Nova, no atual Canadá, que chamaram de Vinlândia. Outros se aventuraram pelo Leste em direção ao Báltico e à Rússia.

Uma das áreas mais intensamente colonizadas pelos vikings foram as Ilhas Britânicas e a Irlanda. Desde o final do século 9, os dinamarqueses dominaram grande parte do norte da Inglaterra até serem expulsos pelos nativos anglo-saxões sob a liderança do Reino de Wessex. A Inglaterra ficou novamente sob o domínio dos vikings em 1016, quando foi conquistada por Canuto, o Grande (*c.* 995-1035), que a tornou parte de seu Império do Mar do Norte, que também incluía Dinamarca, Noruega e partes da Suécia. Entretanto, o domínio anglo-saxão foi restabelecido em 1042. Os vikings se aventuraram pela França; em 845 e 885-6, sitiaram Paris e, no início do século 10, suas colônias no noroeste francês formaram a base do Ducado da Normandia. Ao longo do tempo, os vikings foram ficando parecidos com as sociedades que eles mesmos atacavam; no século 12, a maioria da população escandinava estava cristianizada. O antigo sistema de supremacias foi substituído por monarquias, e reinos foram fundados na Dinamarca, na Noruega e na Suécia.

Os Normandos

Nos primeiros anos do século 10, os normandos fundaram colônias no noroeste da França, na foz do Rio Sena, proporcionando-lhes uma base para atacar o interior. Em 911, em troca do fim dos ataques, o rei carolíngio da Frância Ocidental lhes concedeu o território como um ducado, que ficou conhecido como Normandia, e Rollo (*c.* 860-932), líder normando, se tornou seu primeiro duque. Os normandos se misturaram à população local, adotando sua língua e religião. Mantiveram de seus antepassados a natureza ousada, o espírito de aventura e a disposição para usar a violência, mas trocaram os ataques marítimos pela guerra de cavalaria e percorriam a Europa em busca de poder e lucro; às vezes se promoviam a reis de terras estrangeiras.

Em 1035, Guilherme, o Conquistador (1028-87), também chamado o Bastardo porque seus pais não eram casados, herdou a Normandia após a morte do pai. Sua juventude e ilegitimidade levaram a uma crise sucessória, com grupos rivais disputando o poder. Após mais de uma década de desordem, Guilherme consolidou seu domínio, mas, a essa altura, a Normandia já estava muito envolvida na política inglesa, unida pelos laços do matrimônio à dinastia reinante anglo-saxã. Quando Eduardo, o Confessor (*c.* 1003-66), morreu sem deixar filhos, Guilherme, que era seu primo em segundo grau, alegou que ele lhe prometera o trono inglês. Quando sua pretensão foi questionada por um nobre anglo-saxão, Guilherme invadiu a Inglaterra e o derrotou na Batalha de Hastings, em 1066. Foi coroado na Abadia de Westminster e impôs seu domínio reprimindo revoltas locais e construindo castelos para controlar o interior do país. Em 1086, promoveu um levantamento nacional das terras, conhecido como Domesday Book,* que calculava meticulosamente o valor do seu reino. Todos os monarcas ingleses subsequentes descendem de Guilherme.

Os normandos estavam presentes no sul da Itália desde o final do século 10, inicialmente servindo como mercenários para lombardos e bizantinos. Durante o início do século 11, eles se estabeleceram como senhores locais, conquistando o domínio de vários pequenos territórios. Foi sobre essa base que um ambicioso aventureiro normando, chamado Roberto de Altavila, cognominado Guiscardo (*c.* 1015-85), conseguiu construir um importante reino. Durante a década de 1050, conquistou dos bizantinos a maior parte do sul da Itália, e depois, em 1091, ele e seu irmão Rogério (*c.* 1031-1101) conquistaram dos árabes a Sicília e Malta. Seus sucessores dominaram esses territórios até o final do século 12.

---

* Livro de cadastro das terras da Inglaterra. (N.T.)

As Cruzadas

Em 1094, o imperador bizantino solicitou ao Papa Urbano II (*c.* 1035-99) auxílio na guerra contra os seljúcidas, cujas conquistas haviam interrompido as rotas de peregrinação à Terra Santa. Comovido, Urbano convocou o Concílio de Clermont para incentivar os cristãos a se unirem na luta contra os turcos. Centenas de pregadores percorreram a Europa divulgando a mensagem. Em troca da participação na cruzada, a Igreja oferecia indulgências plenárias (redução na punição pelos pecados depois da morte). Entretanto, muitos participaram da cruzada motivados por anseios de glória e riqueza.

A primeira leva a partir foi a "Cruzada do Povo", força composta por cerca de 40 mil esfarrapados, a maioria sem armas ou armaduras. Viajando a pé, caíram numa emboscada dos seljúcidas no oeste da Anatólia, e a maioria foi massacrada ou escravizada. A "Cruzada dos Príncipes" foi muito mais bem organizada e incluía inúmeros e influentes nobres. Eles deixaram a Europa em agosto de 1096 e se reuniram em Constantinopla em abril do ano seguinte. Avançaram, então, até a Terra Santa, onde conquistaram Jerusalém em julho de 1099. Depois, saquearam a cidade e massacraram milhares de pessoas.

Em vez de ceder suas conquistas a Bizâncio, os cruzados fundaram seus próprios estados independentes (popularmente conhecidos como "Outremer",* estados cruzados ou estados latinos do Oriente). O mais importante deles era o Reino de Jerusalém, mas este nunca foi capaz de impor sua autoridade sobre os demais estados cruzados, como Edessa, Antioquia,

---

* "Ultramar" na grafia francesa daquela época. (N.T.)

AS CRUZADAS DO NORTE

Os Estados católicos lutavam contra os povos bálticos, eslavos e fínicos a seu Leste desde meados do século 12. Em 1193, o Papa Celestino III (1106-98) declarou uma cruzada contra os pagãos do norte da Europa. Foi a origem da Cruzada Livônia, na qual as ordens militares germânicas, a Suécia e a Dinamarca conquistaram a maior parte das atuais Estônia e Letônia, obrigando a população nativa a aceitar o Cristianismo. A maior das ordens militares germânicas era a dos Cavaleiros Teutônicos, que lideraram a luta contra os pagãos prussianos e lituanos. Tendo recebido o direito de governar os territórios que conquistassem, eles fundaram o Estado da Ordem Teutônica (1230), que abrangia grande parte do Báltico e durou até 1525. No mesmo período, a Suécia subjugou a pagã Finlândia, dominando-a até 1809. No longo prazo, as cruzadas do Norte foram muito mais bem-sucedidas no estabelecimento do domínio cristão do que as campanhas na Terra Santa.

Trípoli e Cilícia. Outremer sofreu contra-ataques das forças muçulmanas, que, pouco a pouco, foram retomando o território. Essa retomada culminou na perda de Jerusalém em 1187. A não ser por um breve período (1229 a 1244), os cruzados nunca a reconquistaram. Várias cruzadas foram enviadas para reconquistar o domínio da Terra Santa, mas nenhuma foi tão bem-sucedida como a primeira. A última grande cruzada foi a Nona, realizada entre os anos de 1271 e 1272, e se tornou um fracasso colossal. Em 1291, Acre, a última cidade importante controlada pelos cruzados, foi conquistada pelos muçulmanos. A presença dos cruzados na Terra Santa terminou em 1303 com a queda de Ruad, uma pequena praça-forte costeira.

Para defender as conquistas na Terra Santa, foram criadas ordens militares. A mais influente foi a dos Cavaleiros Templários, fundada em 1119. Após receber o endosso papal, a ordem teve um rápido crescimento, chegando a cerca de 20 mil membros. Os templários eram imunes às leis locais; portanto, não tinham que pagar impostos. Tal fato, aliado às muitas doações recebidas e a suas atividades comerciais e bancárias, tornou os cavaleiros homens ricos e influentes. Com a diminuição da presença dos cruzados na Terra Santa, o poder dos templários também diminuiu, deixando-os vulneráveis. Em 1307, Filipe IV da França (1268-1314) devia uma fortuna aos templários; em vez de pagar a dívida, prendeu todos os templários na França e confiscou seus bens. Em 1312, a ordem foi extinta.

A Liga Hanseática

Na Idade Média, o Mar Báltico se tornou uma importante rota comercial, utilizada sobretudo para o transporte de matérias-primas, como sal, metais, grãos, pescado, madeira e peles, da região nórdica e da Europa Oriental para o Ocidente, onde eram trocadas por produtos manufaturados, principalmente tecidos. No final do século 12, as cidades do norte da Alemanha se uniram para conduzir e controlar o comércio no Báltico e, a partir de meados do século 13, formaram uma organização chamada Liga Hanseática (termo originário do alemão *Hanse*,

A INVASÃO MONGOL NA EUROPA

Ao se unirem sob o comando de Gengis Khan (1162-1227), em 1206, os mongóis deram origem ao maior império terrestre da História. Após dominarem grande parte da Ásia, eles se prepararam para invadir a Europa. Decorrida uma década obtendo informações, lançaram sua primeira investida em 1236. Começaram atacando os rus, povo eslavo (embora algumas fontes afirmem que eram descendentes dos vikings) que dominava grande parte das atuais Rússia, Ucrânia e Belarus, e saquearam sua capital, a cidade de Kiev, em 1240. Avançaram, então, para a Polônia e a Hungria; seu avanço para o Oeste foi interrompido em 1241, quando suas forças se retiraram depois da morte do líder mongol Ogedai Khan (1185-1241). Isso levou a anos de guerra civil pela sua sucessão e também serviu para livrar a maior parte da Europa de futuras incursões mongóis, pois os khans seguintes estavam bem mais interessados na Ásia. Os mongóis conservaram o domínio da Rússia; essa parte do seu império foi chamada Horda Dourada, e separada do restante do Império Mongol em 1259. Seus governantes se estabeleceram nas pastagens ao norte do Mar Negro e não ocuparam o restante da Rússia. Os vários estados russos eram forçados a lhes pagar tributos e submetidos à sua autoridade. O domínio mongol continuou até a década de 1480, quando os governantes do Grão-Ducado de Moscou (Moscóvia) começaram a liderar uma reação. Em 1547, eles se declarariam Czares da Rússia.

que significa "associação"). Cerca de duas centenas de cidades se associaram a ela — conservavam sua independência, mas tinham que se submeter a um código chamado "Lei de Lübeck" (em referência à cidade que formava o centro da Liga). Seus membros se apoiavam mutuamente, patrulhando as rotas comerciais, construindo faróis e estabelecendo postos comerciais no exterior. Embora tenha constituído um monopólio no Báltico, a Liga não era uma federação formal: não contava com um órgão administrativo nem com funcionários permanentes, e os membros se reuniam somente de três em três anos. A Liga foi perdendo poder a partir do final do século 15, quando a Rússia, a Polônia e a Suécia se fortaleciam e conquistavam sua independência econômica. Além disso, comerciantes ingleses e holandeses expandiam sua atuação no Báltico. No final do século 16, a Liga Hanseática se tornou uma sombra do que havia sido, tendo se reunido pela última vez em 1669.

A Guerra dos Cem Anos

No século 12, as terras dos monarcas ingleses na França se estendiam da Normandia aos Pireneus, o que era motivo de tensão e, por vezes, de guerra com a França, que reivindicava a soberania do território. Ao longo do século 13, a Inglaterra perdeu a maior parte de suas possessões na França, ficando, em 1337, apenas com a Gasconha. Naquele ano, Eduardo III da Inglaterra (1312-77) não aceitou prestar homenagem a Filipe VI da França (1293-1350), que reagiu com uma tentativa de confisco do território de Eduardo na França, desencadeando uma guerra. Eduardo, porém, obteve uma série de vitórias, como, por exemplo, nas batalhas de Crécy (1346) e de Poitiers (1356). A França celebrou a paz em 1360, aceitando o livre direito do rei inglês às suas terras francesas (que ele havia aumentado com conquistas feitas durante os combates).

A guerra recomeçou em 1369. Sob o reinado de Carlos V (1338-80), a França recuperou o território perdido. Tanto os franceses quanto os ingleses instituíram governos mais centralizados, visando coletar impostos para financiar onerosos e crescentes custos de guerra. O pesado encargo financeiro (bem como seu rastro de morte e destruição) tornou a guerra impopular em ambos os países, levando a uma trégua em 1389. A fase final da guerra se iniciou em 1415. A França estava mergulhada no caos, pois seu rei, Carlos VI (1368-1422), sofria de surtos periódicos de insanidade (o monarca chegou a acreditar que era feito de vidro). Henrique V da Inglaterra (1386-1422) se aproveitou dessa desordem aliando-se com a Borgonha (ducado independente no atual leste da França) numa invasão. Vitorioso na Batalha de Azincourt (1415), Henrique levou a Inglaterra ao ápice de seu poder na França, ocupando grande parte do país, inclusive Paris. Em 1420, Carlos VI foi forçado a deserdar os filhos e aceitar que os filhos varões de Henrique V herdassem o trono francês. Dois anos depois, tanto Henrique V como Carlos VI morreram. Henrique VI (1421-71), filho menor de idade de Henrique V, foi aclamado rei da Inglaterra e da França. Contudo, muitos franceses se opuseram à aclamação e declararam Carlos VII (1403-61), filho de Carlos VI, seu verdadeiro rei. Em sua tentativa de conquistar o trono, ele contou com uma aliada inesperada: Joana d'Arc.

Europeus Notáveis: Joana D'Arc (1412-31)

Joana era uma menina de família camponesa que, aos 13 anos de idade, teve visões religiosas (entre elas, o arcanjo São Miguel) que a orientavam a ajudar Carlos VII integrando o exército francês na luta contra o Inglaterra. Em 1428, a Inglaterra começou a cercar Orléans, no centro-norte da França; a tomada da cidade abriria caminho para a dominação inglesa sobre todo o país. O cerco foi quebrado em 1429, quando Joana chegou com uma força de libertação de 5.000 soldados e expulsou os ingleses, mudando o curso da guerra e dando impulso às pretensões de Carlos ao trono. Em 1430, foi capturada por forças da Borgonha, que a entregaram aos ingleses. Em um julgamento absurdo e corrupto, foi condenada por heresia e queimada viva. Apesar da perda de Joana, a França, pouco a pouco, conseguiu repelir os ingleses. Em 1453, a guerra terminou, e a Inglaterra ficou somente com uma pequena porção de terra em torno de Calais, no norte da França.

Em 16 de maio de 1920, Joana foi finalmente canonizada pelo Papa Bento XV.

A ASCENSÃO DOS OTOMANOS E A QUEDA DE CONSTANTINOPLA

Os otomanos eram um povo túrquico muçulmano empurrado para a Anatólia pelo avanço dos mongóis. O fundador de sua dinastia foi o Sultão Osmã I (*c.* 1258-1323/4), que criou um pequeno reino, transformado por seus descendentes num império transcontinental que durou até 1923. Tendo conquistado primeiramente a Ásia Menor, avançaram então para os Bálcãs e o norte da África. Apesar das vitórias, não foram capazes de tirar Constantinopla das mãos dos bizantinos. A cidade era cercada por uma tripla muralha de pedra, que a ajudou na resistência contra os cercos otomanos em 1411 e 1422. Então, na primavera de 1453, o Sultão Maomé II (1432-81) retornou com sua frota e um exército de mais de 75.000 soldados e inúmeras peças de artilharia, enquanto os bizantinos dispunham apenas de uma guarnição de 8.000 homens. Apesar da desvantagem numérica, os defensores permaneceram firmes até 29 de maio, quando Maomé lançou um ataque em massa que rompeu as muralhas. O último imperador bizantino, Constantino XI Paleólogo (1405-53), foi morto quando tentava um contra-ataque. Os otomanos saquearam, então, a cidade que Maomé II havia transformado em sua capital, com o nome de Istambul. A perda da "Nova Roma" foi um duro golpe para a cristandade e permitiu o avanço dos otomanos em direção à Europa.

CAPÍTULO TRÊS

A Reforma e o Iluminismo

A Revolução da Imprensa

A imprensa não foi inventada na Europa. Os chineses já imprimiam em seda, com blocos de madeira, desde o século 3, em papel no século 7, e com tipos móveis desde mais ou menos 1040. Em 1300, todas essas técnicas já estavam difundidas na Europa, mas os livros continuavam muito caros, pois tinham de ser produzidos e copiados à mão. Isso mudou graças ao ferreiro alemão Johannes Gutenberg (*c.* 1398-1468). Ele aliou as inovações chinesas a suas próprias invenções: uma nova liga metálica com que fabricava tipos móveis mais baratos e mais duráveis, uma tinta à base de óleo que aderia ao tipo móvel de metal e era transferida para o papel, e uma prensa capaz de aplicar uma pressão uniforme, dando mais legibilidade ao material impresso. Após anos de experimentação, a prensa de Gutenberg, localizada em Mainz, começou a operar em 1450. Sua obra-prima foi uma edição da Bíblia (baseada numa tradução latina do século 4). Terminado por volta de 1455, o livro era uma maravilha estética e tecnológica — apenas 21 exemplares completos existem atualmente. Gutenberg enfrentou disputas jurídicas e problemas financeiros. Dívidas crescentes levaram a uma ordem judicial para que cedesse a oficina e os materiais a seu principal investidor. Gutenberg continuou trabalhando como gráfico e, em 1465, o arcebispo de Mainz lhe concedeu uma pensão anual em reconhecimento à sua obra.

O impacto da prensa de Gutenberg não pode ser subestimado. Ela permitiu a mecanização da impressão, tornando os livros bem mais acessíveis e prenunciando a era da comunicação de massa. A prensa podia imprimir 3.600 páginas por dia, e o mecanismo rapidamente se difundiu por toda a Europa. Em 1500, as prensas já haviam produzido mais de 20 milhões de exemplares. Isso permitiu o compartilhamento rápido e preciso de informações, ideias e tecnologias.

Europeus Notáveis: Fernando II de Aragão (1452-1516) e Isabel I de Castela (1451-1504)

Em 1469, os herdeiros dos tronos de Castela e Aragão, Isabel e Fernando, casaram-se em Valladolid. Estava aberto o caminho para a consequente unificação da Espanha num único reino. Cinco anos depois do casamento, Isabel se tornou rainha de Castela, ainda que tenha precisado travar uma guerra civil contra outra pretendente ao trono para consolidar sua posição. A ascensão de Fernando em Aragão (que também governava a Sicília), em 1475, foi mais tranquila. Uma vez seguros em seus tronos, Fernando e Isabel iniciaram um programa de reformas internas visando ao fortalecimento do poder real (embora Castela e Aragão permanecessem em grande parte legalmente separados). Criaram também a Inquisição Espanhola, em 1478, para garantir que a população seguisse o Catolicismo. De 1481 a 1492, o casal conquistou o último enclave islâmico na Espanha, o Emirado de Granada. Pouco depois, seus súditos judeus e muçulmanos tiveram que escolher a conversão ao Catolicismo ou o exílio. Milhares de pessoas foram expulsas do país, e aquelas que se converteram foram vítimas de desconfiança e da perseguição da Inquisição. No exterior, as bases para o império espanhol no Novo Mundo foram lançadas como resultado das viagens de Colombo às Américas, terras de que tomou posse em nome de Castela. Fernando ampliou os domínios aragoneses com a conquista do Reino de Nápoles em 1504, o que lhe conferiu o controle da maior parte do sul da Itália. Em reconhecimento a seus feitos, o papa concedeu a Fernando e Isabel, em 1494, o título de "Reis Católicos".

O Renascimento

O Renascimento foi um período de criatividade artística e intelectual que durou do final do século 14 ao século 17. Esta época foi marcada por um renovado interesse no estudo das ideias e técnicas dos pensadores e artistas clássicos numa série de áreas, da pintura à escultura, à arquitetura, à filosofia e à história. Cientes do prestígio que o mecenato podia conceder, a nobreza e a realeza europeias apoiavam o trabalho de pensadores e artistas. Nenhum mecenas foi mais importante para o Renascimento que a Igreja Católica, que encomendou incontáveis obras de arte e construções.

O Renascimento teve como berço a Itália, que na época era um ajuntamento de estados e cidades independentes.

A rivalidade, tanto entre os estados quanto no interior de cada um deles, estimulou o desenvolvimento artístico, pois as elites lutavam pela proeminência por meio do mecenato. Sendo a Itália uma das partes mais urbanizadas da Europa e um centro de comércio, havia muitas famílias abastadas o suficiente para apoiar artistas e pensadores.

Os artistas começaram a retratar as pessoas num estilo mais realista, estudando o corpo humano de modo a representar suas formas e emoções com mais detalhes. Esse realismo também se manifestava na escultura, principalmente nas obras de Donatello (1386-1466) e Michelangelo (1475-1564). Os arquitetos e engenheiros renascentistas passaram a estudar as ruínas das construções antigas para tentar reproduzi-las. As abóbadas e as colunas clássicas se popularizaram, e a simetria e a proporção foram enfatizadas. O mais célebre exemplo da arquitetura renascentista é a Basílica de São Pedro, em Roma. O grandioso centro do Catolicismo só começou a ser construído em 1506, levou 120 anos para ficar pronto e continua sendo, até hoje, a maior igreja do mundo.

Ninguém encarnou melhor o espírito do Renascimento do que Leonardo da Vinci (1452-1519). Nascido perto de Florença, tornou-se mestre numa série de áreas, incluindo a pintura, a matemática, a anatomia e a engenharia. Da Vinci passou a maior parte da sua vida na Itália, deslocando-se entre Florença, Bolonha, Veneza, Milão e Roma. De 1495 a 1498, realizou uma de suas mais famosas obras-primas, *A Última Ceia* (1495-98), um mural para um convento em Milão. Além de trabalhar como artista da corte, ele projetava edifícios e orientava projetos militares. Seus cadernos contêm esboços de protótipos de um paraquedas, de um helicóptero e até mesmo de um tanque de guerra. Também estudou anatomia.

Seus desenhos do corpo humano foram pioneiros pela riqueza de detalhes e exatidão. Por volta de 1503, começou a trabalhar na *Mona Lisa*, considerada a pintura mais valiosa do mundo. É possível que a tela tenha ficado pronta somente em 1517. Àquela altura, Da Vinci havia se mudado para a França a convite de Francisco I (1494-1547), que lhe conferiu o título de "Primeiro pintor, arquiteto e engenheiro do Rei" e lhe deu liberdade total para se dedicar a qualquer tipo de obra que fosse do seu interesse.

Em 1500, o Renascimento havia se disseminado da Itália para o restante da Europa. Ao norte dos Alpes, o movimento ficou conhecido como Renascimento Nórdico. Nos Países Baixos — região de importantes cidades comerciais, como Bruges e Antuérpia —, havia muitos comerciantes cuja riqueza lhes permitia encomendar obras de arte. No início, as cenas religiosas eram comuns, mas, com o passar do tempo, as cenas da vida cotidiana e as paisagens se tornaram mais populares. Os artistas da região foram pioneiros e mestres no uso de tintas à base de óleo, que lhes permitiam pintar cenas detalhadas de texturas ricas e cores vívidas. Na Alemanha, os artistas frequentemente faziam gravuras em madeira e metal. O mestre dessa técnica foi Albrecht Dürer (1471-1528), de Nuremberg, que se tornou um dos mais famosos artistas da Europa. O Renascimento nórdico também teve um grande impacto na França, na Inglaterra, na Escócia e na Polônia.

Humanismo Renascentista

Inspirados pelos pensadores clássicos, os humanistas acreditavam que as pessoas deviam ser educadas com base em uma ampla gama de disciplinas — não apenas a religião, mas também a retórica, a história, a filosofia e a poesia. Defendiam que isso levaria a uma melhora na ética pública e privada, e estimularia um comportamento virtuoso. Os humanistas do Renascimento eram influentes em questões religiosas e críticos dos abusos e da corrupção que haviam se tornado predominantes no Catolicismo. Uma das convicções fundamentais do humanismo era a importância de se estudarem versões fiéis dos textos originais, a fim de evitar práticas supersticiosas. Isso levou a edições aprimoradas da Bíblia e de outras obras religiosas, incluindo a primeira impressão da Bíblia Poliglota, que apresentava os textos grego, latino, hebreu e aramaico na mesma página. A obra foi patrocinada pelo cardeal espanhol Francisco Jiménez de Cisneros (1436-1517) e levou de 1502 a 1517 para ficar pronta.

O mais influente dos humanistas foi Desidério Erasmo, conhecido como Erasmo de Roterdã (1466-1536). Formado para o sacerdócio, foi ordenado padre, mas liberado dos seus votos para se dedicar às atividades intelectuais. Viajou pela Europa, estudando e lecionando nas universidades de Paris, Cambridge e Leuven. O maior feito de Erasmo talvez tenha sido a tradução do Novo Testamento para o grego, publicada em 1516. Mais fiel do que as versões anteriores, serviu de base às traduções posteriores para as línguas vernáculas. Erasmo morreu na Basileia. Naquele momento, a Reforma Protestante estava em curso. Embora tenha contribuído para inspirar o movimento reformista, ele permaneceu comprometido com a Igreja Católica, tentando mudá-la de dentro para fora.

Viagens de Descobrimento

Concomitante com o Renascimento, houve um impulso pela descoberta de novas terras e pelo preenchimento de lacunas nos antigos textos e mapas geográficos. Embora os estados da Europa Ocidental desejassem fortalecer seu poder político e difundir o Cristianismo, a principal motivação era econômica. As potências europeias buscavam novas rotas, tanto para a Ásia (fonte de produtos de luxo, como seda e especiarias) como para o oeste da África (fonte de ouro, marfim e escravizados). Antes do final do século 15, as rotas para ambas as regiões eram terrestres — os europeus buscavam o acesso marítimo direto. O primeiro Estado europeu a financiar viagens intercontinentais foi Portugal. Os portugueses começaram pelo norte da África, antes de explorar a costa oeste da África, trocando armas e tecidos por ouro e escravizados. De lá, os portugueses buscaram uma rota marítima para a Ásia. Esse caminho foi encontrado por Vasco da Gama (1460-1524), que, de 1497 a 1499, navegou de Portugal para a Índia através do sul da África.

Em agosto de 1492, Cristóvão Colombo (1451-1506), capitão genovês a serviço da Espanha, embarcou numa das mais influentes jornadas da História. Em vez de navegar para o Leste em direção à Ásia, ele navegou para o Oeste, chegando ao Caribe em outubro e desembarcando nas atuais Bahamas. Colombo pensava estar na Ásia (por isso chamou os habitantes locais de "índios"). Voltou lá mais duas vezes, acompanhado de espanhóis que fundaram colônias nas terras descobertas. Esse "Novo Mundo" foi dividido entre Portugal e Espanha pelo Tratado de Tordesilhas (1494). O documento criava uma linha imaginária; as terras a oeste eram da Espanha e as terras a leste, de Portugal (o que proporcionou aos portugueses o

Brasil, ainda desconhecido dos europeus). O tratado fez com que a maior parte da América do Sul fosse dividida entre Espanha e Portugal, mas foi amplamente ignorado na América do Norte e no Caribe, onde a França, a República das Sete Províncias Unidas dos Países Baixos e a Inglaterra também disputavam o domínio dos territórios descobertos.

De 1519 a 1522, foi realizada a primeira circum-navegação da Terra. A viagem foi financiada pelos espanhóis e liderada pelo explorador português Fernão de Magalhães (1480-1521), que não sobreviveu à viagem — foi morto numa batalha nas Filipinas. A expedição estabeleceu uma rota marítima das Américas à Ásia através do Pacífico. Durante os quatro séculos seguintes, as potências europeias mapearam os oceanos, estabelecendo regimes coloniais, quase sempre em detrimento das populações locais, que eram frequentemente exploradas, escravizadas ou mortas pelas armas e doenças ocidentais.

A Reforma Protestante

Nenhuma questão era mais fundamental para os cristãos do que "como ir para o Céu e evitar o Inferno". A Igreja Católica sustentava que o único caminho para a salvação passava por seus sacerdotes e pelos sacramentos por eles administrados (em especial o batismo, a Sagrada Comunhão, a penitência e a extrema-unção). Antes de ascender ao Céu, a maior parte das almas teria de passar algum tempo no Purgatório, onde seriam purificadas de seus pecados. O período no Purgatório poderia levar séculos, mas tinha a possibilidade de ser abreviado por boas obras, doações e orações. Ao comprar "indulgências", os vivos garantiam para si ou para outrem uma passagem mais rápida pelo Purgatório. O mais conhecido vendedor de indulgências foi o frade alemão Johann Tetzel (1465-1519). Em 1516 e 1517, ele viajou pela Alemanha, vendendo certificados de indulgência — suas práticas provocaram a ira de um monge que lecionava teologia na Universidade de Wittenberg: Martinho Lutero (1483-1546).

Em 31 de outubro de 1517, Lutero escreveu *As 95 Teses*. Nelas, atacava a venda de indulgências, alegando que não eram uma forma válida de arrependimento. O documento rapidamente se espalhou pela Alemanha e pelo restante da Europa, e tornou-se a primeira desavença entre Lutero e a Igreja Católica, convertendo-se num cisma permanente. Lutero desenvolveu três doutrinas principais que o colocariam em desacordo com o papado: *sola fide* (que a salvação se daria somente por meio da fé), *sola scriptura* (que somente a Bíblia teria autoridade) e *sola gratia* (que somente Deus concederia a salvação). Além disso, em 1519, Lutero afirmou que nem o papa nem os concílios da Igreja eram infalíveis. Ele defendia que tanto os leigos como o clero deveriam ter uma relação direta com Deus (o "sacerdócio de todos os crentes"). Para que isso fosse possível, defendia o uso das línguas locais (em vez do latim) nas cerimônias religiosas e a livre divulgação das Sagradas Escrituras na língua vernácula.

O Papa Leão X (1475-1521) ordenou que Lutero renegasse suas crenças — o religioso se recusou a aceitar e foi excomungado em 1521. Mesmo proscrito, ele contava com a proteção do governante local, Frederico, o Sábio (1463-1525), príncipe eleitor da Saxônia. Abrigado em segurança no castelo de Wartburg, Lutero realizou uma tradução alemã da Bíblia e de vários tratados religiosos. Era cada vez maior o número daqueles que apoiavam seus apelos reformistas e questionavam os ensinamentos da Igreja Católica. Embora desafiasse as autoridades eclesiásticas, Lutero estava longe de ser um radical político. Quando teve início a Guerra dos Camponeses na Alemanha (1524-25), uma revolta popular, ele a condenou, dizendo que o povo deveria obedecer a seus senhores seculares. Assim, ganhou a proteção dos governantes alemães, muitos dos quais adotaram sua nova fé. Em 1529, príncipes luteranos divulgaram uma carta de protesto contra um édito que declarava herética a obra de Lutero. Dali em diante, os seguidores da fé reformada passaram a ser conhecidos como protestantes. Nas décadas de 1520 e 1530, muitas cidades e estados alemães promulgaram leis exigindo que todos os serviços religiosos fossem conduzidos nos moldes protestantes.

A Suíça foi um importante centro da Reforma. Sua principal figura foi João Calvino (1509-64), francês que havia fugido de sua terra natal após se converter ao Protestantismo. Refugiou-se em Genebra e, em 1536, publicou *A instituição da religião cristã*, que expunha a fé protestante e suas doutrinas essenciais. A ideia mais radical de Calvino era a predestinação, ou seja, Deus já havia decidido quem seria salvo e quem seria condenado. "Os Eleitos" estavam destinados à salvação e à eternidade no Céu, independentemente de seus atos. Calvino se tornou a principal figura em Genebra, governada segundo seu rígido código moral. Sob sua liderança, ela se transformou na "Roma Protestante" e ofereceu abrigo àqueles que fugiam da perseguição. Lá também eram treinados missionários que difundiam seus ensinamentos pela Europa — eles foram particularmente bem-sucedidos na França, na Escócia e na Holanda.

A Igreja Católica se mobilizou contra o Protestantismo. De 1545 a 1563, foi realizado um concílio em Trento, no norte da Itália, para debater a doutrina e a Reforma. Entre outros temas, ficou decidido que o latim deveria ser a língua oficial da Bíblia, que somente a Igreja poderia interpretar as Sagradas Escrituras e que a salvação se dava pela fé *e* pelas boas obras. Os santos, a adoração da Virgem Maria, a veneração das relíquias, as indulgências e os sacramentos foram todos mantidos. Em 1565, o Credo Tridentino estabeleceu uma nova profissão de fé católica e criou uma liturgia que vigorou até a década de 1960. Preocupada com a qualidade da formação dos sacerdotes, Roma criou novos seminários. Novas ordens religiosas foram fundadas. A mais bem-sucedida foi a Companhia de Jesus, cujos membros são conhecidos como jesuítas, criada em 1540 pelo soldado espanhol Inácio de Loiola (1491-1556). Os jesuítas recebiam uma rigorosa educação e eram grandes missionários, conselheiros políticos e professores. Em oposição à simplicidade dos templos protestantes, as igrejas católicas adotaram o estilo ornamentado e suntuoso da arte e da arquitetura barrocas, com o uso de adornos luxuosos e detalhes extremamente realistas, tudo para incentivar a devoção religiosa.

A Reforma Protestante levou a uma ruptura religiosa permanente na Europa Ocidental. O Protestantismo se tornou a principal religião da Inglaterra, da Escócia, da Escandinávia, da Holanda e de grande parte da Suíça e do Sacro Império Romano-Germânico.

O Império Habsburgo

Os Habsburgo assumiram o poder na Áustria em 1276 e, graças em parte a uma série de casamentos dinásticos, expandiram seus domínios para incluir a Borgonha, a Boêmia, os Países Baixos e a Hungria. Um Habsburgo foi o primeiro imperador eleito do Sacro Império Romano-Germânico em 1452 — o título permaneceu na família até 1806. Em 1496, um príncipe Habsburgo, Filipe, o Belo (1478-1506), casou-se com Joana de Castela (1479-1555), herdeira do trono espanhol. O filho mais velho do casal, Carlos V (1500-58), foi eleito imperador do Sacro Império Romano-Germânico em 1519 e herdou os territórios dos Habsburgo, além da Espanha e dos territórios espanhóis na Itália, na Ásia e nas Américas. Enfrentou guerras quase constantes, combateu a França pelo controle da Itália e lutou para conter os avanços otomanos em direção à Europa Central. Católico devoto, resistiu também à Reforma Protestante no Sacro Império Romano-Germânico, além de lutar para controlar os governantes locais que desejavam maior independência.

Após anos de tensão, o império entrou numa guerra que durou de 1547 a 1548. Embora, num primeiro momento, Carlos tenha derrotado uma aliança protestante, sua vitória foi temporária. Em 1552, outra aliança de príncipes germânicos protestantes, com o apoio da França, derrotou-o. Três anos depois, ele assinou a Paz de Augsburgo, cujo acordo estabelecia o princípio *cuius regio, eius religio* ("de quem é a região, dela a religião"), segundo o qual os governantes locais poderiam escolher a religião de seus estados (católica ou luterana).

Exausto por décadas de conflito, Carlos abdicou de seus vários títulos (de 1554 a 1556) e se recolheu num mosteiro na Espanha. Considerando as dificuldades para governar um império tão vasto, ele o dividiu em dois. A Espanha, seus territórios ultramarinos e os Países Baixos couberam a seu filho mais velho, Filipe II (1527-98), enquanto seus territórios na Europa Central e Oriental e seu título imperial foram para seu irmão mais novo, Fernando I (1503-64). Daí em diante, os Habsburgo permaneceram divididos num ramo espanhol e outro austríaco.

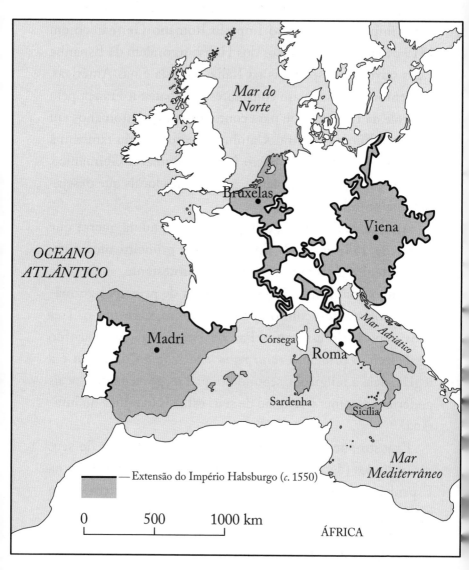

O Império Habsburgo sob o reinado de Carlos V, *c.* 1550

A Ascensão da Rússia

Durante o final do século 13 e todo o século 14, o Principado de Moscou cresceu em tamanho e proeminência, e seus governantes enfim expulsaram a Horda Dourada mongol para se tornarem a força dominante na Rússia. Em 1462, Ivan III (1440-1505) assumiu o trono. Conhecido como "o Grande", anexou o território do atual oeste da Rússia, além de partes da Ucrânia, da Polônia e da Lituânia, lançando as bases de um Estado centralizado. Seu neto Ivan IV (1530-84), que no Ocidente ficou conhecido como "o Terrível", deu seguimento à sua obra. Tendo ascendido ao trono aos 3 anos de idade, foi coroado "Czar de Todas as Rússias" (czar deriva do latim "Caesar" ["César"]) em 1547, sendo o primeiro de sua dinastia a adotar esse título. Exerceu seu poder por meio de uma combinação de inteligência e violência. No decorrer de seu reinado, tanto a Rússia quanto o poder do czar se tornaram muito maiores.

A dinastia Romanov, que governou a Rússia de 1613 a 1917, tornou o país uma grande potência. Sua maior figura foi Pedro, o Grande (1672-1725), que, de 1682 a 1696, governou junto com seu meio-irmão Ivan V (1666-96). Depois que assumiu o poder sozinho, Pedro passou dezoito meses viajando pela Europa. Voltou determinado a modernizar a Rússia e trouxe especialistas estrangeiros para ajudá-lo. Em 1703, fundou uma cidade às margens do Báltico: São Petersburgo, que se tornou sua capital em 1710. Limitou o poder da Igreja Ortodoxa Russa e da nobreza, e, sob o seu governo, o *status* social se baseava nos serviços prestados ao trono, e não no berço. Quem se opunha a suas reformas era tratado com brutalidade — num exemplo bem explícito: se um cortesão se recusava a fazer a barba, Pedro a arrancava. As forças armadas russas foram modernizadas e passaram a derrotar as potências vizinhas, como a Suécia e o Império Otomano. Quatro anos antes de morrer, Pedro concedeu a si mesmo e a seus sucessores um novo título, "Imperador de Toda a Rússia".

Companhias de Comércio Europeias

Durante os séculos 16 e 17, muitos Estados europeus incentivaram atividades econômicas ultramarinas por meio da criação de companhias comerciais. Elas visavam assegurar novos mercados para as manufaturas de seus países, mas seu principal objetivo era garantir o controle do acesso a produtos importados, como o chá, o café, o chocolate e o tabaco, consumidos em cafeterias que surgiam em cidades de toda a Europa e se tornavam importantes locais para a troca de ideias e informações.

Algumas dessas companhias comerciais se tornaram potências, chegando a atuar como governos locais de territórios ultramarinos. Elas operavam sob a licença de seus respectivos governos nacionais (que muitas vezes lhes concediam monopólios), mas em geral atuavam com um alto grau de independência, pois sua principal fonte de recursos era o investimento dos cidadãos que compravam suas ações. Uma das primeiras dessas "sociedades por ações" foi a inglesa Company of Merchant Adventurers to New Lands (posteriormente conhecida como Companhia de Moscóvia), fundada em 1553 para fazer comércio com a Rússia e a Pérsia.

As duas companhias de comércio mais poderosas foram as companhias inglesa e holandesa das Índias Orientais, fundadas, respectivamente, em 1600 e 1602. Elas disputavam o domínio do lucrativo mercado do Leste Asiático, fonte de mercadorias como seda, tinturas, especiarias, chá, ópio e porcelana. A rivalidade entre elas, às vezes, se transformava em guerra aberta. Suas atividades lançaram as bases para o posterior domínio colonial inglês e holandês no subcontinente indiano e na Indonésia, respectivamente. Os austríacos, os dinamarqueses, os franceses, os portugueses e os suecos criaram suas próprias companhias para fazer comércio nas Índias Orientais, mas eram todas relativamente pequenas em comparação com suas contrapartes holandesa e inglesa. Os Estados europeus não se limitaram à Ásia em sua busca por lucro e poder. Havia também companhias comerciais especificamente para a América do Norte, o Caribe e a África.

A Guerra dos Trinta Anos (1618-48)

As décadas que se seguiram a 1555 foram, na maior parte do tempo, pacíficas no Sacro Império Romano-Germânico, apesar da persistência das tensões religiosas. O conflito tornou a eclodir na Boêmia, governada pelos Habsburgo, que haviam concedido a seus súditos hussitas e protestantes uma liberdade de culto bastante ampla. Em 1618, os Habsburgo passaram a impor limites às liberdades política e religiosa na Boêmia. Como resultado, protestantes boêmios atiraram em três representantes dos Habsburgo por uma das janelas do Castelo de Praga. A Boêmia se rebelou e ofereceu seu trono a um príncipe protestante alemão, Frederico V, Eleitor Palatino (1596-1632). A guerra se espalhou pelo Império. A primeira grande batalha ocorreu na Montanha Branca, em 1620 — quando um exército imperial derrotou os rebeldes e tomou Praga, obrigando Frederico a fugir e se exilar em

Mainz. Assim, as forças católicas dominaram a guerra durante a década de 1620.

No início, o conflito se deu principalmente entre Estados protestantes e católicos do Sacro Império Romano-Germânico, mas potências estrangeiras logo intervieram. Os espanhóis apoiaram seus aliados, os Habsburgo austríacos, desde o princípio, enquanto a Dinamarca, a Inglaterra, a Escócia e a República das Sete Províncias Unidas dos Países Baixos ficaram do lado dos protestantes durante a década de 1620. A intervenção estrangeira mais importante partiu da Suécia (que também dominava a Finlândia). Durante o início do século 17, por meio de um conflito com a República das Duas Nações* e a Rússia, os suecos formaram um império no Báltico. A Suécia se beneficiava do fato de ser altamente centralizada, com uma sólida estrutura tributária e a capacidade de fazer o recrutamento militar da população. Em 1630, o rei sueco, Gustavo Adolfo (1594-1632), invadiu a Alemanha. Foi saudado como o "Leão do Norte", que salvaria a causa protestante da derrota. Seu exército (que também incluía mercenários) era altamente disciplinado e contava com a infantaria integrada com a cavalaria e a artilharia. Gustavo avançou do Báltico até a Baviera, onde, em 1631, triunfou na Batalha de Breitenfeld. No ano seguinte, foi morto enquanto conduzia seu exército à vitória na Batalha de Lützen, deixando os protestantes sem seu líder mais atuante. Após a morte de Gustavo, a França entrou formalmente na guerra em 1635, do lado protestante, além de prestar auxílio financeiro à Suécia para que o exército sueco se mantivesse no campo de batalha.

---

* Constituída pelo Reino da Polônia e pelo Grão-Ducado da Lituânia, além de abranger outros territórios da Europa. (N.T.)

Os franceses agiram assim por temer que uma vitória dos Habsburgo os deixasse cercados por potências hostis. A França também apoiou rebeldes antiespanhóis na Catalunha e em Portugal. Embora a Catalunha tivesse permanecido sob controle espanhol, Portugal (unificado à Espanha desde 1580) reconquistou sua independência em 1640.

As negociações de paz começaram para valer em 1646, na região da Westfália, no noroeste da Alemanha, que foi declarada território neutro. Depois de dois anos de negociações envolvendo representantes de mais de uma centena de Estados, a Paz de Westfália foi selada (ainda que a Espanha e a França continuassem em guerra até 1659). Nos três tratados separados que compunham o acordo de paz, a Espanha reconhecia formalmente a independência holandesa, enquanto a Suécia recebia uma compensação financeira e a confirmação de seu território báltico. Acima de tudo, a Paz de Westfália visava à estabilidade do Sacro Império Romano-Germânico. Os governantes locais tiveram reconhecida a soberania interna sobre seus territórios. A Paz concedia liberdade religiosa aos cristãos no Império e estabelecia a igualdade entre protestantes e católicos perante a lei.

Europeus Notáveis: Luís XIV da França (1638-1715)
Após a morte de Luís XIII (1601-43), seu filho de 4 anos, sucedeu-o. Devido à sua pouca idade, o ministro-chefe de seu pai, o Cardeal Jules Mazarin (1602-61), nascido na Itália, governou por ele. Quando Mazarin faleceu, o rei assumiu o governo, estabelecendo um sistema de monarquia absoluta.

O COMÉRCIO DE ESCRAVIZADOS NO ATLÂNTICO

Desde o século 8, mercadores muçulmanos já vendiam escravizados africanos no Mediterrâneo e na Ásia. Só após meados do século 15, os europeus se envolveram nesse comércio, ampliando-o e mudando o foco para o Atlântico. Os primeiros europeus comerciantes foram os portugueses. Somente mais tarde se juntaram a eles os espanhóis, os ingleses, os franceses e os holandeses. A mão de obra escravizada era empregada, principalmente, nas fazendas das Américas — o principal produto cultivado era a cana-de-açúcar, embora o algodão, o tabaco e o café também fossem culturas importantes. Eram brutais e desumanas as condições a que tais escravizados se viam submetidos durante a travessia do Atlântico — cerca de um terço dos 12 milhões morreram antes de desembarcar. No auge do comércio, na década de 1780, quase 90 mil africanos eram enviados por ano através do Atlântico. As revoltas e a resistência eram comuns e punidas com extrema violência e crueldade. Durante o século 18, o movimento abolicionista cresceu em influência, pois muitos questionavam a moralidade e a legalidade da escravidão.

Em 1792, a Dinamarca se tornou o primeiro país da Europa a banir tal comércio, embora a lei somente tenha entrado em vigor em 1803. Outros países seguiram seu exemplo, incluindo a Grã-Bretanha em 1807, a Espanha em 1811 e a Holanda em 1814. Entretanto, somente em meados do século 19 as potências europeias começaram a abolir completamente a escravidão em seus impérios ultramarinos, começando com a Grã-Bretanha em 1834.

O símbolo de sua autoridade era o Palácio de Versalhes, para onde transferiu a corte real em 1682. Originalmente um pavilhão de caça, a construção foi transformada por Luís XIV num vasto complexo de edifícios e jardins. Tudo girava em torno do pátio central e da suíte real, a que somente alguns poucos escolhidos tinham acesso. Todo o poder emanava de Versalhes; o primeiro escalão do governo funcionava lá, e era esperado que os membros da família real e os nobres frequentassem o palácio. O apelido de Luís XIV, "Rei Sol", refletia seu poder, esplendor e importância central para a nação.

A Revolução Científica
A ciência moderna surgiu no início da era moderna, lançando as bases da transformação do nosso entendimento do mundo natural e do cosmos. Esse processo, ocorrido nos séculos 17 e 18, é conhecido como Revolução Científica. Uma de suas características fundamentais era o método científico: o mundo começou a ser examinado por meio da experimentação e da observação sistemáticas. Esse espírito empírico foi defendido por Francis Bacon (1561-1626), filósofo e político inglês, arauto da tese de que o conhecimento só poderia ser obtido pela observação. Mais tarde, o filósofo francês René Descartes (1596-1650) afirmou que a razão era essencial para a compreensão do mundo. A investigação científica foi beneficiada por inovações tecnológicas, como o microscópio e os telescópios, cada vez mais potentes. O conhecimento médico se expandiu bastante com o aumento da prática da dissecação de cadáveres humanos.

A Revolução Científica representou uma mudança radical em como os seres humanos entendiam seu lugar no cosmos. A astronomia tradicional se baseava num modelo geocêntrico, com a Terra ao centro, orbitada pelo Sol e pelos planetas. Por volta de 1514, Nicolau Copérnico (1473-1543) propôs que era a Terra que, na verdade, girava em torno do Sol. Embora isso já houvesse sido sugerido por astrônomos da Antiguidade, no século 3 a.C., Copérnico formulou um modelo matemático para embasar sua tese. Sua obra se mostrou extremamente influente, mas ela era muitíssimo controversa para a Igreja. Na Itália, Galileu Galilei (1564-1642) usou os telescópios que havia inventado para confirmar, pela observação, a concepção copernicana do cosmos. Por tal feito, foi julgado pela Inquisição Romana em 1615 e forçado a passar o restante da vida em prisão domiciliar.

O Iluminismo

Movimento pan-europeu que se iniciou no final do século 17 e prosseguiu pelo 18, o Iluminismo questionava a superstição e a tradição, e promovia um espírito progressista, a liberdade e a tolerância. Em seu centro estava a razão — muitos esperavam de forma otimista que o pensamento e a reforma racionais pudessem conquistar tudo. Um aspecto crucial do Iluminismo foi a criação de uma "esfera pública" — espaços livres do controle de autoridades superiores, como a Igreja e o Estado (por exemplo, cafeterias, salões literários, sociedades científicas...) onde todos que quisessem (os intelectuais e a aristocracia, principalmente) poderiam debater e discutir livremente sobre quaisquer assuntos. Havia uma tendência ao ceticismo quanto à religião. Alguns filósofos começaram a questionar os princípios fundamentais da religião. O deísmo (a crença em Deus, mas não numa religião organizada) se tornou mais comum, embora o ateísmo total fosse raro.

A França era o centro do Iluminismo e o lar de muitas de suas principais figuras, conhecidas como *philosophes*. Um dos mais importantes foi o Barão de Montesquieu (1689-1755), radical cujo livro *O espírito das leis* (1748) propunha amplas mudanças na forma de governar, incluindo constituições, leis garantidoras da liberdade e a separação dos poderes. O Iluminismo instigou uma busca pelo conhecimento e pelas leis universais, inspirando a criação da *Encyclopédie*. Esta foi um projeto ambicioso coeditado por dois homens: Denis Diderot (1713-84) e Jean le Rond d'Alembert (1717-83) — Diderot, um filósofo constantemente afligido por problemas financeiros e d'Alembert, um matemático cujo sobrenome fazia menção à igreja onde fora abandonado na infância. Para tal projeto, encomendaram milhares de artigos aos maiores pensadores da época (incluindo a si mesmos), além de centenas de ilustrações. O primeiro volume da *Encyclopédie* foi publicado em 1751. Em 1772, ela havia chegado a 28 volumes, totalizando 71.818 artigos.

A figura mais famosa do Iluminismo foi Voltaire (1694-1778), filósofo, dramaturgo, poeta e escritor incrivelmente prolífico, nascido François-Marie Arouet, em Paris. Seus polêmicos escritos lhe renderam onze meses de prisão na Bastilha e um período de exílio em Londres (1726 a 1728). Quando lhe permitiram voltar para sua terra, envolveu-se num esquema que se aproveitava de brechas na loteria estatal francesa e ganhou uma fortuna. Com a segurança financeira garantida, continuou a ridicularizar o governo, a religião e a sociedade tradicional da França, sendo várias vezes banido de Paris. *Cândido* (1759), sua obra mais famosa, satirizava a visão otimista segundo a qual vivia-se no melhor dos mundos possíveis.

Outro importante pensador foi Jean-Jacques Rousseau (1712-78), que nasceu em Genebra, mas passou grande parte da vida em Paris. Em seu *Discurso sobre a origem e os fundamentos da desigualdade entre os homens*, escrito em 1754, sustentava que a propriedade seria a causa da desigualdade e que os seres humanos viviam num estado de natureza perfeito antes de serem corrompidos. Em 1762, Rousseau publicou *O contrato social*, no qual afirmava que a soberania deveria estar nas mãos do povo, e não na dos monarcas. As obras de Rousseau eram polêmicas e muitas vezes proibidas; entretanto, apesar disso, exerceram uma enorme influência no desenvolvimento do pensamento político e na Revolução Francesa.

Na Alemanha, o Iluminismo era chamado *Aufklärung*. Foi um período de estímulo à língua e à cultura alemãs. No final do século 18, surgiu o movimento *Sturm und Drang* ("tempestade e ímpeto"). Seus membros rejeitavam a racionalidade dos iluministas da fase anterior e propunham que as pessoas fossem mais subjetivas e dessem mais espaço às suas emoções. Esse espírito tinha como figuras de destaque os escritores Johann Wolfgang von Goethe (1749-1832) e Friedrich Schiller (1759-1805).

Outro alemão que questionou muitos dos valores centrais do Iluminismo foi o filósofo Immanuel Kant (1724-1804), para quem a razão sozinha não bastava para entender tudo. À medida que o século 18 terminava, o Romantismo se tornou mais popular e influente em toda a Europa. Os românticos valorizavam a emoção, a imaginação e a espontaneidade, e nutriam extremo interesse pela natureza e pelo folclore.

Os Déspotas Esclarecidos

Durante o século 18, alguns monarcas europeus, influenciados pelo Iluminismo, passaram a empregar seus poderes autocráticos na reforma de suas nações. Essa tendência variava entre diferentes países, mas, em geral, enfatizava a codificação das leis, a tolerância religiosa, o estímulo ao comércio e a limitação dos poderes da Igreja e da nobreza.

Na Prússia, reino constituído por grande parte da atual Alemanha e partes da Polônia, Frederico II (1712-86) foi o déspota esclarecido por excelência. Seus antecessores haviam lançado as bases de um Estado burocrático com um exército poderoso. Ascendeu ao trono em 1740 e reformou seu reino. O novo soberano enriqueceu a Prússia, estimulando a imigração de trabalhadores qualificados, independentemente de sua religião. Foi também patrono das artes e da ciência, e a Academia Prussiana de Ciências, em Berlim, tornou-se um dos centros intelectuais da Europa. Além disso, por ser um grande general, transformou a Prússia numa enorme potência.

Na década de 1740, conquistou a região da Silésia dos Habsburgo austríacos. Em 1756, a Áustria se aliou à França numa tentativa de retomar a Silésia. Fato que contribuiu para o início da Guerra dos Sete Anos (1756-63), que acabou envolvendo toda a Europa e alcançou a Ásia, a África e as Américas, tornando-se o primeiro conflito global. A Prússia (com o apoio britânico) manteve o domínio da Silésia.

A Áustria, vizinha da Prússia ao Sul, tinha sua própria déspota esclarecida: Maria Teresa (1717-80). Filha única do imperador do Sacro Império Romano-Germânico, Carlos VI (1685-1740), que, por ser mulher, não teve direito de herdar o título imperial do pai. Carlos queria se assegurar de que ela herdasse seus domínios austríacos e, para tanto, promulgou um édito chamado "Pragmática Sanção". Entretanto, quando ascendeu ao trono, Maria Teresa enfrentou a Guerra de Sucessão Austríaca (1740-48), na qual ela e seus aliados lutaram para preservar a herança. Perdeu a Silésia para a Prússia, e Parma, no norte da Itália, para a Espanha; por outro lado, preservou a maior parte da sua herança paterna. O marido de Maria Teresa, Francisco I (1708-65), tornou-se imperador do Sacro Império Romano-Germânico, mas tinha pouca influência no governo. Maria Teresa detinha o verdadeiro poder na Áustria e a transformou de Estado fraco e endividado em Estado cada vez mais poderoso e centralizado, com um eficiente sistema tributário. Introduziu novos códigos civil e criminal, e reformou a Igreja e o sistema educacional. Em alguns aspectos, era extremamente conservadora, sobretudo no que dizia respeito à tolerância religiosa com seus súditos não católicos.

No final do século 18, outra mulher assume o governo de uma potência europeia: Catarina II da Rússia (1729-96), imperatriz conhecida como A Grande. Nobre alemã, em 1745 casou-se com Pedro III (1728-62), neto de Pedro, o Grande, mas acabaram por desprezar um ao outro. Depois que Pedro ascendeu ao trono em 1762, Catarina promoveu um golpe de Estado contra o marido e o derrubou após 186 dias, tomando seu lugar no trono. Consciente do conservadorismo de muitos na Rússia, instituiu um regime de reformas graduais. Revisou a legislação, secularizou completamente as terras da Igreja e limitou o poder do clero. Criou o Museu Hermitage e centenas de instituições públicas para a educação de meninos e meninas.

O principal déspota esclarecido no Mediterrâneo foi Carlos III da Espanha (1716-88), que também governou Nápoles e a Sicília de 1734 a 1759. No sul da Itália, criou um conselho comercial para desenvolver a economia e foi patrono das artes e da ciência, construindo uma casa de ópera, fundando uma academia de estudos e um museu, e incentivando as escavações nas ruínas de Pompeia. Depois que seu meio-irmão, Fernando VI da Espanha (1713-59), morreu sem deixar filhos, Carlos atravessou o Mediterrâneo para sucedê-lo (deixando seus territórios italianos para o filho mais novo). Ele estava determinado a modernizar a Espanha, que havia regredido desde a sua idade do ouro no século 16. Para impor limites à influência da Igreja, reduziu o poder da Inquisição e expulsou os jesuítas. Na economia, revogou as leis que restringiam o comércio, construiu estradas e canais, e criou fábricas reais. Buscou também tornar a Espanha uma verdadeira nação, e não um ajuntamento de províncias dispersas, com a criação de um hino nacional, em 1770, e de uma bandeira, em 1785.

O despotismo esclarecido não estava associado apenas a monarcas: em Portugal, suas políticas foram postas em prática pelo primeiro-ministro de Dom José I (1714-77), o Marquês de Pombal (1699-1782). Seu maior feito foi organizar a reconstrução de Lisboa após o terremoto na cidade em 1755. Esse foi o maior abalo sísmico registrado na história europeia e provocou um enorme tsunâmi. Cinquenta mil pessoas morreram, e 85% da cidade foram destruídos. Pombal agiu rápido para impedir o alastramento da desordem e das doenças, e ajudou a projetar uma nova cidade, assegurando-se de que as construções fossem à prova de terremotos; para tal, faziam com que os soldados marchassem em volta de maquetes para simular o impacto de um futuro abalo sísmico.

Na Dinamarca, as reformas do despotismo esclarecido foram conduzidas pelo alemão Johann Friedrich Struensee (1737-72), médico de Cristiano VII (1749-1808), que sofria de uma grave doença mental. Struensee, que tinha um caso com a rainha, assumiu o controle do governo de 1770 a 1772, tentou implantar reformas radicais, mas foi derrubado por um golpe de Estado conservador e, em seguida, executado.

OS OTOMANOS NA EUROPA

No século seguinte à queda de Constantinopla, em 1453, o Império Otomano atingiu o auge de seu poder. Em meados do século 16, estendia-se desde o Oriente Médio, passando pelo sudeste da Europa, até a atual Hungria, e incluía boa parte do norte da África. Os otomanos ameaçavam avançar pela Europa Ocidental, mas em 1529 e 1683 foram forçados a recuar após derrotas em Viena. Nos territórios otomanos dos Bálcãs e da Grécia, realizaram uma prática conhecida como *devshirme* (que significa literalmente "coleta"), na qual meninos cristãos eram tirados de suas famílias, convertidos ao Islã à força e treinados para serem soldados e funcionários públicos — isso durou até meados do século 17. Os mais talentosos eram recrutados como janízaros (guarda-costas de elite do sultão). De forma semelhante, milhares de meninas cristãs foram sequestradas e vendidas como escravas sexuais — algumas terminaram no Harém Imperial, onde poucas conquistaram proeminência como concubinas ou mães do sultão.

CAPÍTULO QUATRO

A Era das Revoluções

A Primeira Revolução Industrial
Durante grande parte da história europeia (na verdade, mundial), o crescimento econômico foi lento. Esse cenário mudou com o advento da Revolução Industrial, uma transição para uma nova forma de fabricação. Em vez de depender da força muscular animal ou humana (muitas vezes suplementada pelo vento), passou-se a usar fontes mecânicas de energia movidas primeiramente pela água e depois pelo vapor. Essa Primeira Revolução Industrial teve início na Grã-Bretanha, a partir de meados do século 18, para então se espalhar pelo restante da Europa ao longo da primeira metade do século 19.

A indústria têxtil foi a primeira a ser totalmente mecanizada. O processo começou na Grã-Bretanha, onde os salários eram mais altos do que no restante da Europa, estimulando o investimento em mecanismos que permitiam a redução da mão de obra. Tais mecanismos tinham de ser instalados em moinhos, que se desenvolveram dando origem às primeiras fábricas. Com o passar do tempo, outras indústrias (como a de calçados e a metalúrgica) adotaram esse modo de produção. Em outras economias europeias, a mecanização foi mais lenta, pois, com salários mais baixos, era menor o estímulo para se investir em novas tecnologias. Por volta de 1800, as inovações britânicas começaram a ser introduzidas no continente; primeiro na Bélgica, e depois na França, na Suíça e na Alemanha. O material básico da Revolução Industrial foi o minério de ferro, que era fundido para produzir o ferro forjado, utilizado em ferramentas, máquinas e construções (a Torre Eiffel foi construída com esse material). Assim como ocorrera com os tecidos, os processos que tornaram possível a produção de ferro forjado mais barato e de melhor qualidade foram uma invenção britânica.

A energia do vapor também foi vital. Os primeiros motores a vapor foram desenvolvidos na Grã-Bretanha no século 18. Inicialmente utilizados para bombear água, eles foram aperfeiçoados para movimentar máquinas. Esses mecanismos eram propulsionados pela queima do carvão, que gerava energia a um custo menor e com mais eficiência do que a lenha ou a turfa. Apesar de um predomínio inicial do carvão britânico, foram descobertas e exploradas jazidas em outros países, principalmente na França, Bélgica, Alemanha, Polônia e Rússia.

A Revolução Industrial foi acompanhada por um processo de urbanização, com a população rural se deslocando para as pequenas e grandes cidades. Ao mesmo tempo, houve um rápido crescimento populacional, com as pessoas se casando mais cedo e tendo mais filhos, enquanto as taxas de mortalidade declinavam lentamente. Isso significa que a população europeia cresceu de cerca de 100 milhões de habitantes no ano 1700 para quase 500 milhões em 1900.

A Revolução Francesa

O rei francês tinha poderes absolutos, com o governo centralizado na sua pessoa. Ao final do século 18, esse absolutismo estava ultrapassado, principalmente depois que Luís XVI (1754-93) ascendeu ao trono em 1774. Conservador e indeciso, não estava preparado para os desafios enfrentados pelo seu regime. Sua esposa austríaca, Maria Antonieta (1755-93), tornou-se extremamente impopular devido à nacionalidade e aos gastos exagerados.

Durante a década de 1780, a França enfrentava uma grave crise financeira. O apoio aos norte-americanos na Guerra da Independência (1775-83) contra a Grã-Bretanha deixou o país seriamente endividado. Em 1788, a França suspendeu os pagamentos a seus credores — estava falida. Em busca de uma solução, Luís XVI convocou os Estados Gerais, que eram uma assembleia formada pelos três estados (clero, nobreza e plebe), que não se reunia desde 1614. A assembleia foi aberta em Versalhes, em maio de 1789, mas logo sofreu uma divisão. Em junho, o terceiro estado sozinho instituiu uma Assembleia Nacional e jurou somente dissolvê-la depois de redigir uma nova constituição. No fim do mês, os outros dois estados haviam se juntado ao terceiro para formar a Assembleia Nacional Constituinte, que ajudaria a governar e redigir uma constituição.

Clubes políticos foram abertos por toda a França. O mais importante foi o dos jacobinos, que chegou a ter 500.000 membros. A censura foi derrubada, permitindo a propagação de ideias radicais. Alguns defendiam a abolição da monarquia e sua substituição por uma república. No verão de 1789, a ordem pública se desintegrou devido ao aumento do preço dos alimentos e aos baixos salários. Em 14 de julho, uma multidão invadiu a prisão da Bastilha, em Paris, simbolizando o fim do antigo regime (ainda que apenas tenham libertado poucos prisioneiros). Em outubro, uma turba, liderada por mulheres que protestavam contra o preço do pão, marchou até Versalhes, obrigando a família real a se mudar para o Palácio das Tulherias em Paris. Houve uma fase de precário equilíbrio até junho de 1791, quando a família real fugiu de Paris para se juntar às forças monarquistas no nordeste da França e iniciar uma contrarrevolução. Eles foram descobertos no meio do caminho e obrigados a retornar. Isso exacerbou a desconfiança em relação a Luís e aumentou o apoio à república. O monarca foi forçado a aceitar uma constituição que criou uma Assembleia Legislativa eleita, a qual se reuniu pela primeira vez em 1º de outubro.

Outras potências europeias observavam apreensivas a situação na França, preocupadas com a possibilidade de que o radicalismo se espalhasse. A Áustria e a Prússia ameaçaram retaliar, caso Luís fosse ferido. Em abril de 1792, a guerra foi deflagrada, e inicialmente a França ficou em desvantagem. A ameaça estrangeira radicalizou Paris e levou à convocação de uma Convenção Nacional, eleita por todos os homens maiores de 25 anos. Os acontecimentos mudaram quando os invasores foram derrotados na Batalha de Valmy, em 20 de setembro. Encorajada, a Convenção Nacional aboliu a monarquia e declarou a França uma república. Luís acabou privado de seus títulos e julgado por traição pela maioria (perdendo por apenas um voto de diferença) — foi condenado à morte e decapitado na guilhotina no dia 21 de janeiro de 1793 (Maria Antonieta teria o mesmo fim em outubro daquele ano).

A execução de Luís XVI uniu a Europa contra a França, com Grã-Bretanha, Espanha, Holanda, Portugal e Nápoles formando uma coalizão contra ela. Havia também uma oposição interna armada dos monarquistas — principalmente na Vendeia, região localizada no centro-oeste da França. Em março de 1793, o Comitê de Salvação Pública assumiu o governo. Seu líder era o radical jacobino Maximilien de Robespierre (1758-94), que jurou defender a revolução a qualquer custo. Isso levou ao Reinado do Terror, iniciado em setembro de 1792. Todos os inimigos em potencial da revolução estavam sujeitos a ser detidos, presos ou executados. Mais de 17.500 pessoas foram mortas e 250.000, presas. O novo regime introduziu um novo calendário decimal, com o Ano I começando em 22 de setembro de 1792. Robespierre introduziu uma nova religião estatal deísta, o Culto do Ser Supremo, para substituir o catolicismo. O Reinado do Terror terminou em julho de 1794, quando os moderados da Convenção Nacional se voltaram contra Robespierre e executaram a ele e seus aliados para então abolir a maior parte de suas reformas.

Uma nova constituição, mais conservadora, foi promulgada em 1795. A França passou a ser governada pelo Diretório, um grupo de cinco membros escolhidos por uma legislatura eleita. O Diretório, contudo, não foi capaz de proporcionar estabilidade à França, assolada pela guerra, e perdeu o apoio popular. Em 1799, o jovem General Napoleão Bonaparte (1769-1821) assumiu o poder por meio de um golpe de Estado. A França passaria a ser governada por um consulado, composto de três cônsules liderados por Napoleão, que detinha poderes ditatoriais. A Revolução Francesa chegava ao fim, e o regime napoleônico se iniciava.

O Espírito da Revolução

No final do século 18, a agitação política havia se espalhado pela Europa. A primeira dessas revoluções ocorreu na Córsega, anexada por Gênova no ano 1347. Em 1755, Pasquale Paoli (1725-1807) declarou a independência da República da Córsega (sua constituição concedia o direito ao voto a todos os homens maiores de 25 anos, e algumas mulheres também votavam) e expulsou os genoveses da ilha. Como Gênova vendera seus direitos na Córsega à França, em 1768 os franceses a invadiram, derrotando as forças republicanas de Paoli; por conseguinte, a Córsega se tornou uma província francesa.

A França também estava envolvida em atividades antirrevolucionárias em Genebra, pois a cidade se encontrava dividida entre uma elite dominante pró-francesa e os populistas republicanos. Em 1782, uma multidão ajudou os populistas a conquistar o poder, mas a França enviou soldados para reprimir o movimento democrático e restituiu o poder às elites tradicionais.

Embora a Holanda fosse tecnicamente uma república, o estatuder (*stadhouder*), cargo político hereditário ocupado pelos príncipes de Orange, detinha um poder considerável. No final do século 18, o Estatuder Guilherme V (1748-1806) atuava efetivamente como um monarca, mas o movimento republicano dos Patriotas pretendia reduzir seus poderes e criar uma república democrática. Os Patriotas formaram, então, milícias chamadas *vrijkorpsen* ["corpos livres" em holandês] em todo o país. A partir de 1785, os Patriotas utilizaram seu poder militar para forçar a eleição de novos governantes nas cidades, o que diminuiu o poder de Guilherme, mas seu domínio foi restaurado no outono de 1787, graças à intervenção militar de seu cunhado, Frederico Guilherme II da Prússia (1744-97).

Havia frequentes reações populistas contra monarcas centralizadores. Nenhum deles ultrapassou mais os limites tradicionais do que José II (1741-90). Embora imperador do Sacro Império Romano-Germânico desde 1765, foi excluído do governo da Áustria e dos territórios dos Habsburgo pela mãe, Maria Teresa, até a morte dela, em 1780. Quando finalmente ascendeu ao poder, ele iniciou uma série de reformas, ignorando todos os avisos para ser cauteloso. Promulgou 6.000 éditos e 11.000 leis, secularizou as terras da Igreja, concedeu tolerância a protestantes e judeus, aboliu a pena de morte e acabou com a censura. Pretendia unir os diversos componentes de seus domínios, centralizando o poder: reduziu a força das assembleias regionais na Hungria, em Milão e nos Países Baixos Austríacos (atual Bélgica), e tornou o alemão a língua oficial. Os nobres passaram a desprezá-lo, forçando-o a abandonar suas tentativas de abolir a servidão, e os plebeus reclamavam de suas constantes interferências. Em 1790, havia agitação em todos os seus territórios. Com o regime ameaçado, José cancelou quase todas as suas reformas e morreu menos de um mês depois.

Foi nos Países Baixos Austríacos que José sofreu a mais forte reação. A Revolução Brabantina começou em 1787 como um protesto contra seu governo, e evoluiu para um movimento de independência. Depois que as forças rebeldes derrotaram um exército austríaco na Batalha de Turnhout, houve uma rebelião nacional, e, em 20 de dezembro de 1789, a independência foi declarada, com a criação de uma república denominada Estados Belgas Unidos, no dia 11 de janeiro de 1790. Ao mesmo tempo, ocorreu uma revolta em Liège, onde o príncipe-bispo foi derrubado e uma república, proclamada. Esses novos regimes não duraram muito. Em dezembro de

1790, os austríacos se reorganizaram e enviaram tropas que, no final do ano, retomaram o controle e restauraram o domínio dos Habsburgo na Bélgica. Então, em janeiro de 1791, os austríacos entraram em Liège e devolveram o poder ao príncipe-bispo.

Europeus Notáveis: Tadeu Kosciuszko (1774-1817)

O espírito revolucionário se alastrou para a Polônia. Em 1772, a República das Duas Nações (ver nota pág. 80) havia diminuído de tamanho: a Áustria, a Rússia e a Prússia anexaram parte de seu território. Tradicionalmente, os poderes do rei da Polônia eram limitados, pois os nobres tinham amplos privilégios — eles não apenas elegiam o rei, como também controlavam o *Sejm*, uma assembleia que possuía poder de veto. Em 1791, foi promulgada uma constituição polonesa com o apoio do Rei Estanislau II Augusto (1732-98). Ela criava um sistema democrático de monarquia constitucional, limitava os poderes da nobreza e conferia maior proteção legal aos servos. A Rússia se opôs à constituição, temendo que ela fortalecesse demais o monarca polonês, e invadiu o país em 1792. Com o apoio dos nobres conservadores poloneses, os russos forçaram Estanislau a se render. No ano seguinte, a Prússia e a Rússia reivindicaram mais uma parte do território polonês. Como resultado, um general polonês chamado Tadeu Kosciuszko, que havia lutado ao lado dos norte-americanos na Guerra de Independência dos Estados Unidos, liderou uma revolta contra o domínio russo. Ele propunha liberdades civis universais e a abolição da servidão. Após a derrota de Tadeu, entre 1794 e 1795, o que restava do território polonês foi dividido. A Polônia foi varrida do mapa e somente ressurgiria como Estado independente em 1918.

Europeus Notáveis: Napoleão Bonaparte (1769-1821)

Nascido na cidade de Ajaccio, na ilha da Córsega, Napoleão Bonaparte era filho de um nobre local. Em 1785, ingressou no exército francês como segundo-tenente de artilharia e ascendeu na hierarquia enquanto a nascente República lutava pela sobrevivência. Tornou-se uma figura proeminente em 1795, quando impediu uma tentativa monarquista de tomar Paris. Saudado como herói, recebeu o comando de um exército francês que estava invadindo a Itália. A influência da amante (e depois esposa), Josefina de Beauharnais (1763-1814), amante também de vários políticos importantes, tornou-se fundamental para que ele fosse promovido.

A campanha italiana foi triunfal — Napoleão conquistou uma série de vitórias e, em 1797, obrigou a Áustria a selar a paz, encerrando a Guerra da Primeira Coalizão. O primeiro fracasso de Napoleão ocorreu em sua campanha no Egito durante a Guerra da Segunda Coalizão — após invadir o Egito, em 1798, as forças francesas não foram capazes de manter o controle da região. No final de 1799, Napoleão regressou à França, tomando o poder e nomeando a si mesmo Primeiro Cônsul. Sua posição foi consolidada com a vitória sobre os austríacos na Batalha de Marengo, no norte da Itália, em 1800. As hostilidades tiveram fim quando a paz foi selada com os britânicos em 1802.

Apesar de todas as suas vitórias militares, Napoleão considerava a reforma do sistema jurídico francês o seu maior

O Império Napoleônico, c. 1810

triunfo. Em março de 1804, o Código Napoleônico* entrou em vigor, substituindo a arcaica colcha de retalhos de costumes e leis da França. Pela primeira vez, a França possuía um sistema jurídico único e redigido com clareza. O código concedia

---

* Trata-se do Código Civil Francês. (N.T.)

liberdade de religião e proibia os privilégios baseados na origem social. Napoleão criou uma sociedade onde o *status* era conferido pelos serviços a ele prestados, e não pela posição social. Em novembro de 1804, promulgou uma nova constituição que o tornou Imperador dos Franceses. A Casa de Bonaparte foi instaurada como uma dinastia imperial. Ele criou também "reinos familiares" para os parentes em Nápoles, na Holanda, em Westfália, na Espanha e na Toscana. Eram Estados vassalos com pouca independência. Napoleão ainda carecia de um herdeiro, de modo que, em 1810, divorciou-se de Josefina e se casou com Maria Luísa (1791-1847), filha do imperador austríaco. Ela deu à luz um menino em 1811. Entretanto, apesar de todos os seus triunfos, os planos imperialistas de Napoleão levariam seu regime à ruína.

As Guerras Napoleônicas

Após a Revolução Francesa, a Europa afundou num período de guerras que durou de 1792 a 1815. A França enfrentou várias coalizões, com a Grã-Bretanha surgindo como sua mais temível adversária. Preocupada com as ambições de um certo líder militar francês, a Grã-Bretanha deu início à Guerra da Terceira Coalizão. Napoleão queria invadir a Grã-Bretanha, mas não conseguiu conquistar o domínio naval necessário para cruzar o Canal da Mancha com seu exército. Quando a Áustria e a Rússia se juntaram à aliança antifrancesa, ele marchou para o Leste e, em dezembro de 1805, conseguiu uma grande vitória contra um exército austro-russo na Batalha de Austerlitz. A Áustria foi obrigada a se render, e os russos recuaram. A guerra no mar foi menos bem-sucedida: em outubro de 1805, a marinha britânica destruiu uma frota franco-espanhola na Batalha de Trafalgar. Durante todo o restante da guerra, a França jamais se igualaria ao poderio naval britânico.

Em 1806, Napoleão criou a Confederação do Reno, uma união de estados germânicos que o reconheciam como seu protetor, o que determinou o fim do Sacro Império Romano-Germânico. A Confederação do Reno era uma ameaça à Prússia, que atacou Napoleão em agosto daquele ano, dando início à Guerra da Quarta Coalizão. A Prússia estava vulnerável porque a Rússia, sua principal aliada, ainda não se mobilizara. Napoleão avançou, então, até a Prússia e conquistou Berlim. No ano seguinte, ele derrotou a Rússia, mas ainda faltava vencer os britânicos. Em 1806, incapaz de invadir a Inglaterra, decretou um embargo comercial, esperando enfraquecer a economia britânica, e exigiu que todos os países europeus participassem do seu "Bloqueio Continental". O cumprimento das medidas era impossível de ser fiscalizado, e o contrabando se espalhou. Quando Portugal se recusou a participar, os franceses invadiram o país, em 1807, obrigando a família real a se exilar. Em seguida, Napoleão conquistou a Espanha, destituindo o rei e substituindo-o por seu irmão, José Bonaparte (1768-1844), em 1808. Isso provocou uma revolta de âmbito nacional e levou à Guerra Peninsular. Espanha e Portugal, auxiliados por reforços e suprimentos britânicos, conseguiram retomar sua liberdade num conflito implacável que durou até 1814.

Em 1809, a Áustria atacou a França, iniciando a Guerra da Quinta Coalizão. Em apenas sete meses, os austríacos foram derrotados, e Napoleão chegou ao auge de seu poder. Em 1812, ele tomou a decisão que levaria à sua queda. Como a Rússia se recusara a participar do Bloqueio Continental, ele a invadiu com quase meio milhão de homens, o que fez com que os russos adotassem uma tática de terra arrasada, destruindo tudo que pudesse ser útil aos invasores. Napoleão conseguiu avançar até Moscou. Entretanto, com suas linhas de suprimento no limite e a resistência russa, ordenou a retirada em meados de outubro. Foi uma marcha sofrida e lenta; faltavam roupas de frio e suprimentos para os soldados, constantemente atacados pela cavalaria leve russa. Quando saíram do território russo, as forças napoleônicas haviam perdido cerca de 80% de seus homens devido a baixas, deserções e doenças.

A derrocada na Rússia foi um alívio para os inimigos de Napoleão, que formaram uma grande aliança para combatê-lo. Na Guerra da Sexta Coalizão (1813), Napoleão perdeu o controle da Alemanha, e, no início de 1814, as forças da coalizão entraram na França. Tendo perdido o apoio de seus generais e do povo francês, ele abdicou em 11 de abril. Luís XVIII (1755-1824), irmão de Luís XVI, voltou do exílio na Inglaterra para governar como monarca constitucional.

Napoleão foi confinado na ilha mediterrânea de Elba, mas escapou em fevereiro de 1815. Depois de desembarcar na França, marchou até Paris, acompanhado por soldados que se reuniram para lutar sob o seu comando, e retomou o poder. A Grã-Bretanha, a Rússia, a Áustria e a Prússia prometeram mobilizar, cada uma, 150.000 homens para derrotá-lo. Então, em 18 de junho, Napoleão enfrentou forças britânicas e prussianas na Batalha de Waterloo. Seu exército foi dispersado, e ele abdicou pela segunda vez. Foi exilado na remota ilha atlântica de Santa Helena, onde morreu em 5 de maio de 1821.

A organização da Europa no pós-guerra foi decidida no Congresso de Viena, realizado de novembro de 1814 a junho de 1815. As decisões tomadas foram amplamente conservadoras, visando se oporem aos sentimentos revolucionários e nacionalistas. Viena criou um mecanismo diplomático para manter a paz, o "Concerto Europeu", que, por quase quatro décadas, contribuiu para evitar que as principais potências europeias travassem guerras de grandes proporções entre si.

A Unificação Alemã

O Sacro Império Romano-Germânico acabou sendo substituído pela Confederação Germânica, uma união de 39 estados, cada um dos quais conservando um considerável grau de autonomia. O membro mais poderoso era a Áustria, que buscava manter o *status quo*, e seu primeiro-ministro, Klemens von Metternich (1773-1859), um conservador determinado a impedir que o nacionalismo se tornasse uma força política. Metternich se posicionava contra a tendência do pangermanismo, que pretendia unir todos os povos de língua alemã. A Áustria e a Prússia, as duas maiores potências da Confederação, mantinham tensas relações econômicas. A Prússia era a principal defensora do *Zollverein*, união alfandegária estabelecida em 1834, que criava uma zona de livre comércio na Confederação. Em 1842, a maioria dos estados germânicos havia aderido ao *Zollverein*, com exceção da Áustria, já que Metternich se opunha a essa ideia, pois queria proteger a indústria interna da concorrência estrangeira.

Em 1848, durante a Primavera dos Povos, em todos os estados da Confederação, o povo exigia o fim da autocracia, num movimento conhecido como Revolução de Março. Em Berlim, multidões obrigaram o rei da Prússia, Frederico Guilherme IV (1795-1861), a promover eleições, aprovar uma constituição e se comprometer a apoiar a unificação alemã. Na Baviera, terceiro maior estado da Confederação, havia muito tumulto. Seu rei, Luís I (1786-1868), tinha uma escandalosa e pública relação com a amante, a dançarina irlandesa Lola Montez (1821-61), nome artístico de Eliza Rosanna Gilbert. Usando sua influência sobre o rei, Lola Montez tentou convencer Luís a aprovar reformas liberais, o que levou os conservadores a saírem às ruas exigindo sua deposição e tendo os estudantes liberais como oponentes. Relutante em abrir mão de seus poderes, Luís acabou abdicando em favor do filho, que realizou reformas moderadas. Lola Montez fugiu para a Suíça e passou o restante da vida viajando pelo mundo, apresentando-se em espetáculos e realizando palestras.

Graças aos protestos, o povo alemão pôde eleger um parlamento nacional, que se reuniu em maio, em Frankfurt. O parlamento de Frankfurt proclamou um Império Alemão, que teria Frederico Guilherme como monarca constitucional, mas ele recusou a oferta, dizendo que não aceitaria uma "coroa da sarjeta". A Confederação seguiu cambaleante, e acabou ficando profundamente enfraquecida. O responsável pelo golpe fatal foi Otto von Bismarck (1815-98), que se tornou primeiro-ministro da Prússia em 1862. Determinado a unificar a Alemanha sob a liderança prussiana, ele reorganizou e modernizou o exército. Em 1864, derrotou a Dinamarca, obrigando-a a desistir do disputado território de Schleswig--Holstein. Dois anos depois, a Prússia venceu a Áustria numa guerra de seis semanas,* acabando com a influência austríaca nas questões alemãs, o que levou à dissolução da Confederação

---

* Trata-se da Guerra Austro-Prussiana, também conhecida como Guerra das Sete Semanas ou Guerra Civil Alemã. (N.T.)

Germânica — substituída pela Confederação da Alemanha do Norte, uma aliança liderada pela Prússia, da qual a Áustria foi excluída.

O golpe de mestre seguinte foi instigar a França a declarar guerra à Prússia em 1870, prevendo que o conflito uniria os estados alemães em apoio à Prússia. A França foi derrotada de imediato. Em 18 de janeiro de 1871, o rei da Prússia foi declarado *Kaiser* Guilherme I (1797-1888), soberano do Império Alemão, uma federação de 25 estados, tendo a Prússia como potência dominante. O *kaiser* tinha amplos poderes, incluindo o controle da política externa e a nomeação do chanceler federal (Bismarck recebeu o cargo), mas havia também uma assembleia legislativa eleita, o Reichstag. O Império Alemão se tornou uma grande potência e, no final do século, já era a maior economia da Europa.

O *Risorgimento*

A Itália era uma região fragmentada desde o século 6. No início do século 19, surgiu um movimento que defendia a unificação, o *Risorgimento* ("Ressurgimento"). Muitos se opunham à ideia, principalmente os austríacos, que dominavam grande parte do norte da Itália. Sociedades secretas em defesa da unificação e da democracia foram formadas em todo o país, e a maior delas era a dos carbonários, que, em 1820, lideraram uma revolta em Nápoles, contudo reprimida pelos austríacos. De 1830 a 1831, os carbonários se envolveram em revoltas em Parma, em Módena e nos Estados Papais, mas a Áustria empregou a força militar, o que levou muitos a renunciar às atividades revolucionárias. Um homem, entretanto, se recusou a permitir que a derrota se concretizasse:

Giuseppe Mazzini (1805-72), jornalista e carbonário que se exilou em Marselha, onde formou um grupo chamado Jovem Itália, que pretendia reunir o povo italiano e criar uma república unificada e livre da influência austríaca. O aliado mais importante de Mazzini foi Giuseppe Garibaldi (1807-82), que se tornou a figura militar decorativa da independência italiana.

O ano de 1848 foi um divisor de águas na história italiana. No Reino da Sardenha (que também dominava a maior parte do noroeste da Itália), o Rei Carlos Alberto (1798-1849) promulgou uma constituição liberal, que concedeu liberdade de imprensa e proporcionou a seus súditos o direito de eleger uma assembleia legislativa. Ele e seus sucessores surgiram não apenas como os principais oponentes ao envolvimento austríaco na Itália, mas também como apoiadores de alguma forma de unificação. Fora do Reino da Sardenha, um levante em Palermo evoluiu para uma revolução na Sicília e em Nápoles (que, juntas, formavam o chamado Reino das Duas Sicílias). Em março, houve uma insurreição contra a Áustria no Vêneto, no nordeste da Itália, que se juntou à Sardenha. A revolta se espalhou para a Lombardia, obrigando os austríacos a recuar. O papa fugiu de Roma, onde foi proclamada uma república de pouca duração, pois a ajuda dos franceses permitiu a retomada do controle papal. Os austríacos se recuperaram e reconquistaram o Vêneto, e depois, em 1849, derrotaram os sardenhos, forçando Carlos Alberto a abdicar. No final dessa Primeira Guerra de Independência Italiana, as forças revolucionárias pareciam aniquiladas.

Após o revés, o Conde de Cavour (1810-61), primeiro-ministro sardenho, surgiu como o idealizador da unificação italiana. A Itália unida não seria uma república, mas uma monarquia sob o governo do novo rei da Sardenha, Vítor

Emanuel II (1820-78). Cavour usou a diplomacia para angariar o apoio de outras forças para as suas iniciativas. Na Segunda Guerra de Independência Italiana, a Sardenha (com apoio francês) anexou a Lombardia em 1859. No ano seguinte, anexaram Parma, Módena, a Toscana e os Estados Papais (com exceção da área em torno de Roma). No Reino das Duas Sicílias, um exército de voluntários sob o comando de Garibaldi derrubou a monarquia. Em seguida, o sul da Itália e a Sicília se juntaram ao Norte. Em 1861, Vítor Emanuel se autoproclamou rei da Itália e nomeou Cavour seu primeiro-ministro. Os austríacos ainda detinham o controle do Vêneto, mas, em 1866, ele foi conquistado (com apoio da Prússia) após a Terceira Guerra de Independência italiana. Roma foi anexada em 1870, completando o *Risorgimento*.

O Declínio do Império Otomano

O poderio otomano havia diminuído devido a perdas territoriais, conflitos internos, governantes fracos e administrações ineficientes. Nos Bálcãs (desde o século 14 sob o domínio otomano em boa parte do tempo), houve um crescente florescimento de ideias nacionalistas. A primeira revolta ocorreu na Sérvia, em 1804. Após treze anos de guerra, ela se tornou um principado com autonomia plena. Nas décadas seguintes, os otomanos enfrentaram revoltas em toda a região dos Bálcãs e, em 1875, a maior parte da região estava em franca rebelião. Outras potências europeias, lideradas pela Rússia, intervieram. Segundo o Tratado de Berlim, de 1878, os otomanos foram forçados a reconhecer a plena independência de Montenegro, da Sérvia e da Romênia, bem como a autonomia da Bulgária (que se declarou independente em 1908).

A INDEPENDÊNCIA GREGA

A Grécia estava sob domínio otomano desde meados do século 15. Os gregos também sonhavam com a independência, e o país se revoltou em 1821. Muitos povos europeus eram simpáticos aos gregos, principalmente os russos, porque partilhavam com eles a fé cristã ortodoxa. Estrangeiros serviram como voluntários para lutar pela causa grega, incluindo o poeta romântico inglês Lord Byron (1788-1824), que morreu de uma febre enquanto combatia os otomanos. Em 1827, a Rússia, a França e a Grã-Bretanha intervieram, enviando uma frota que destruiu a marinha otomana na Batalha de Navarino, no Mar Jônico. Os otomanos foram obrigados a reconhecer a independência grega em 1832. O príncipe bávaro, Oto (1815-67), foi escolhido como monarca do novo Reino da Grécia. Inicialmente, tentou ser um monarca com poderes absolutos, mas, em 1843, foi obrigado a aceitar uma constituição. Pouco a pouco, outras regiões de língua grega foram se separando do Império Otomano e se juntando à Grécia.

No *front* interno, os sultões fizeram tentativas de modernização e reforma, mas enfrentaram sérias dificuldades financeiras. Em 1876, Abdul Hamid II (1842-1918) ascendeu ao trono. Um de seus primeiros atos foi promulgar uma constituição, mas, dois anos depois, revogou-a e passou a governar como um autocrata: suprimiu o ativismo liberal e perseguiu violentamente as minorias, em especial os armênios.

Em 1908, a Revolução dos Jovens Turcos, um movimento de grupos reformistas, fez com que a constituição fosse restaurada. No ano seguinte, Abdul Hamid acabou deposto e substituído pelo irmão, Maomé V Raxade (1844-1918), uma figura decorativa sem poder legítimo. O Império Otomano continuou perdendo territórios (incluindo a Bósnia-Herzegovina para o Império Austro-Húngaro) e permaneceu sujeito a instabilidades.

A Luta da França pela Estabilidade

Após as Guerras Napoleônicas, as potências vencedoras reduziram a França às fronteiras de 1790, cobraram 700 milhões de francos como reparação e impuseram um exército de ocupação de 150.000 homens (retirado em 1818). A Dinastia Bourbon foi restaurada, instalando Luís XVIII no trono francês, que reinou como um monarca constitucional, delegando inúmeras tarefas a seus ministros. A fim de evitar divisões no país, ele não se vingou dos antigos revolucionários nem dos bonapartistas, e procurou limitar a influência dos "ultras" (monarquistas que defendiam a volta da monarquia absolutista).

Ao morrer em 1824 sem deixar filhos, Luís foi sucedido pelo irmão mais novo, Carlos X (1757-1836), que apoiava os ultras, concedeu mais poder à Igreja e combateu os liberais. Mesmo com a perda do apoio popular, ele não abandonou suas políticas reacionárias e, em julho de 1830, promulgou um conjunto de novas leis repressivas. Farto, o povo de Paris se rebelou e, nos três dias da Revolução de Julho, obrigou Carlos a fugir do país. Com isso, o trono francês foi declarado vago pelo governo provisório, até que, em 9 de agosto, um novo rei foi coroado: Luís Filipe, Duque de Orléans (1773-1850). Primo distante de Carlos X e abertamente favorável à oposição liberal (no passado, apoiara a Revolução Francesa e fora, inclusive, membro dos jacobinos), foi proclamado "Rei dos Franceses" e recolocou a *Tricolore* como bandeira nacional no lugar do estandarte branco dos Bourbon. Conhecido como "Rei Cidadão", aceitou uma nova constituição, que reduzia os poderes reais.

À medida que envelhecia, Luís Filipe foi se tornando menos liberal e tentou reprimir aqueles que exigiam mais reformas. Em fevereiro de 1848, os parisienses tomaram as ruas para protestar, e ele não foi capaz de impedir a agitação. Seu governo sucumbiu, obrigando-o a fugir para a Inglaterra, onde morreu. A Segunda República Francesa foi declarada, com o sufrágio universal masculino. O chefe de Estado seria um presidente eleito pelo voto direto para um único mandato de quatro anos. O vencedor da eleição presidencial foi Luís Napoleão Bonaparte (1808-73), sobrinho do falecido imperador. Em 1851, com seu mandato chegando ao fim, deu um golpe de Estado que dissolveu o parlamento e ampliou seus poderes e seu mandato. No ano seguinte, foi mais além: proclamou o Segundo Império Francês e, em 2 de dezembro de 1852 (48 anos após a coroação de seu tio), declarou-se Imperador Napoleão III, com poderes autoritários. Seu regime conduziu o processo de industrialização e de expansão do império colonial francês na África, na Ásia e na Oceania.

O fim do reinado de Napoleão III foi uma consequência da decisão de entrar em guerra com a Prússia em 1870. As forças francesas foram derrotadas pelas prussianas, superiores tecnológica e numericamente. Os prussianos e seus aliados alemães avançaram para o nordeste da França e, na Batalha de Sedan, cercaram o principal exército francês. Napoleão III, que acompanhava suas forças, rendeu-se aos prussianos e, após alguns meses de prisão na Alemanha, morreu exilado na Inglaterra. Após a Batalha de Sedan, foi declarada a Terceira República Francesa. O novo regime seguiu com a guerra, mas se rendeu em janeiro de 1871, depois que Paris foi sitiada e, por um breve período, ocupada.

Em março do mesmo ano, houve uma revolta em Paris, e os radicais assumiram o controle da cidade. A Comuna de Paris durou dois meses, até que forças do governo retomaram a cidade depois de uma semana de combates nas ruas. Após essa revolta, a Terceira República estabeleceu uma democracia funcional e, na maior parte do tempo, estável.

A Primavera dos Povos

Em 1848, uma onda de revoluções se espalhou pela Europa. A maioria delas era amplamente liberal e visava à criação de Estados-nações democráticos e independentes. Os protestos se espalharam por mais de 50 países, mas não causaram um grande impacto na Rússia, na Grã-Bretanha, nos Países Baixos e na Península Ibérica. As reivindicações mais comuns pediam uma constituição, mais direitos democráticos e liberdade de imprensa. O conjunto de reformas contava com uma ampla base de apoio, numa aliança entre a burguesia, os camponeses e os trabalhadores urbanos.

O estopim desses movimentos ocorreu em janeiro: foi uma revolta na Sicília contra o domínio da Dinastia Bourbon. Os rebeldes conquistaram a independência, mas, 16 meses depois, os Bourbon restabeleceram seu domínio. No norte da Itália ocorreram protestos malsucedidos contra o domínio austríaco. Conforme tratado anteriormente, houve também a Revolução de Fevereiro na França, que levou à queda de Luís

Filipe I e à efêmera Segunda República Francesa. No mês seguinte, protestos pela Alemanha reivindicavam liberdade política, de expressão, democracia e nacionalismo; ficou conhecida como Revolução de Março.

O nacionalismo era uma força cada vez mais poderosa na Europa do século 19. Assim, o Império Austríaco, uma colcha de retalhos formada por diferentes etnias e línguas, mostrava-se um cenário adequado a revoluções nacionalistas exigindo autonomia ou independência. A mais importante foi a Revolução Húngara, na qual os manifestantes fizeram uma série de reivindicações, incluindo um parlamento e um exército nacional independentes, igualdade perante a lei e o fim da censura. Isso forçou a renúncia de Klemens von Metternich, chanceler imperial desde 1821. Embora o imperador Fernando I (1793-1875) tenha concordado com as exigências dos revolucionários húngaros, os protestos evoluíram para uma guerra de independência. Padecendo de males, como epilepsia e distúrbio da fala, Fernando não era capaz de exercer uma forte liderança, delegando a maior parte de seus deveres oficiais a seus conselheiros. Em dezembro, abdicou a favor do sobrinho, Francisco José I (1830-1916). Reacionário, ele restabeleceu a dominação dos Habsburgo na Hungria, com o auxílio dos russos, que o ajudaram a reprimir os revolucionários. A longo prazo, chegou-se a um acordo em 1867, por meio do qual se estabelecia a dupla monarquia do Império Austro-Húngaro. A Hungria teria seu próprio parlamento, mas não exerceria controle algum sobre a política externa, e Francisco José continuaria como chefe de Estado.

Na Escandinávia, as revoluções tiveram resultados distintos. Na Suécia (unida à Noruega sob um único monarca até 1905), houve uma revolta em Estocolmo, logo reprimida.

A REVOLUÇÃO BELGA

Depois das Guerras Napoleônicas, Bélgica e Holanda foram unidas num reino governado pelo príncipe de Orange, que se tornou o Rei Guilherme I (1772-1843). Ele era impopular na Bélgica por haver imposto a língua holandesa no governo e no sistema educacional. Tal imposição, combinada com a recessão econômica e a Revolução de Julho na França, levou a uma agitação social na Bélgica. Em 25 de agosto de 1830, estourou uma revolta em Bruxelas após a apresentação da ópera *A muda de Portici*, que incluía uma canção patriótica que acabou levando uma multidão às ruas. Entoando palavras de ordem patrióticas, os manifestantes ocuparam prédios do governo. Quando Guilherme enviou 8.000 soldados holandeses, a revolta foi generalizada. Então, em 4 de outubro, a independência da Bélgica foi declarada. O reconhecimento pelas grandes potências europeias ocorreu na Conferência de Londres, em dezembro daquele ano, com a assinatura de um tratado assegurando permanentemente a autonomia belga. A Bélgica independente se tornou uma monarquia constitucional e ofereceu o trono ao segundo filho de Luís Filipe, que rejeitou a oferta, de modo que os belgas recorreram a um nobre alemão, Leopoldo de Saxe--Coburgo-Gota (1790-1865). Seus descendentes reinam até hoje como monarcas dos belgas. Da mesma maneira, a linhagem de Guilherme continua a ocupar o trono holandês.

Na vizinha Dinamarca, o Rei Frederico VII (1808-63) atendeu às reivindicações dos reformistas, desistiu de seus poderes absolutos e aceitou uma constituição segundo a qual o monarca dividiria o poder com um parlamento eleito. Assim, a revolução dinamarquesa se mostrou um tanto ou quanto atípica, sendo, ao mesmo tempo, pacífica e bem-sucedida. Em 1848, a maior parte dos países europeus repetia os eventos da Suécia, onde, passada a manifestação de revolta, as autoridades tradicionais conseguiram seguir no poder. Não obstante, a Primavera dos Povos deixou um importante legado, pois, ao longo das décadas seguintes, muitos regimes europeus adotariam programas de reforma gradual, a fim de evitar transtornos.

A Guerra da Crimeia

Enquanto o Império Otomano declinava, a Rússia ampliava sua zona de influência à custa da potência decadente. Em outubro de 1853, russos e otomanos entraram em guerra pelo domínio da Moldávia e da Valáquia. As grandes potências europeias queriam resolver a disputa por meios diplomáticos, mas tanto a Grã-Bretanha como a França passaram a temer que uma vitória russa ameaçasse suas posições no leste do Mediterrâneo e na Ásia. A destruição de uma frota otomana pela Rússia, na Batalha de Sinope, na costa sul do Mar Negro, exacerbou os temores britânicos e franceses. Em março de 1854, a Grã-Bretanha e a França declararam guerra à Rússia. Enquanto o conflito entre russos e otomanos assolava a Europa Oriental e o Cáucaso, forças francesas e britânicas eram enviadas ao Mar Negro, com o objetivo de conquistar Sebastopol, cidade altamente fortificada e base naval russa na Crimeia. O Cerco de Sebastopol começou em outubro de

1854 e mostrou a selvageria da guerra industrializada. Fuzis bem mais eficazes e a artilharia pesada causavam danos devastadores, e o conflito evoluiu para uma guerra de trincheiras que prefigurava as condições da Primeira Guerra Mundial. Os britânicos e os franceses tinham dificuldades para abastecer suas tropas — somado a um inverno rigoroso e condições de higiene precárias, isso transformou doenças como o tifo e a cólera em endemias. O cerco terminou em setembro de 1855, quando os russos se retiraram de Sebastopol, o que contribuiu para a proposta de paz russa em março de 1856, levando ao Tratado de Paris, que pôs fim à guerra. O conflito não impediu o declínio do Império Otomano nem o crescimento dos sentimentos nacionalistas dentro dele.

Reforma e Revolução na Rússia

A Guerra da Crimeia convenceu a muitos na Rússia de que a modernização era essencial. Alexandre II (1818-81) deu a sua concordância e aprovou uma série de reformas, incluindo a significativa abolição da servidão em 1861. Embora os camponeses tenham deixado de ser propriedade dos senhores feudais, mesmo na condição de ex-servos, eles foram obrigados a pagar dívidas de "redenção" a seus antigos proprietários e continuaram restritos às comunidades de suas vilas. Para os radicais, as reformas de Alexandre estavam sendo lentas demais, o que fez surgir organizações revolucionárias, algumas dispostas a usar a violência. Uma delas, a Vontade do Povo, planejava o assassinato de funcionários do governo. Ninguém estava a salvo, nem mesmo o imperador. Em 1881, dois membros dessa organização jogaram bombas na carruagem imperial quando ela passava por São Petersburgo. Alexandre sobreviveu à primeira explosão, mas foi destroçado pela segunda. Ironicamente, ele estava prestes a aceitar reformas moderadas que serviriam de base para uma monarquia constitucional. Seu filho e sucessor, Alexandre III (1845-94), recusou-se a aceitar qualquer redução de seus poderes autocráticos e reverteu inúmeras políticas do pai.

Havia muito tempo que a população judaica do Império Russo era vítima de preconceito e violência. Após o assassinato de Alexandre II, houve *pogroms* (pilhagens, agressões e assassinatos contra uma comunidade ou minoria com características de genocídio) em todo o império, nos quais multidões atacavam os judeus. Em 1882, o governo promulgou a primeira de várias leis antissemitas. Os *pogroms* se intensificaram, com o governo fazendo pouco para detê-los (e, em alguns casos, até ajudando a organizar a carnificina). Cerca de dois milhões de judeus emigraram do Império Russo entre 1881 e 1920.

Após morrer, vítima de uma doença renal, Alexandre III foi sucedido pelo filho, Nicolau II (1868-1918), que tinha as mesmas atitudes reacionárias do pai, só que combinadas com a estreiteza de ideias e a incompetência. Buscando ampliar sua esfera de influência até a Coreia e a Manchúria, a Rússia foi arrastada para uma guerra contra o Japão em fevereiro de 1904. Nicolau e seus conselheiros acreditavam que chegariam a uma vitória rápida. Contrariando a arrogância dessa expectativa, o Japão derrotou a Rússia após 18 meses de combate. No *front* interno, as coisas não iam bem para Nicolau. As ideias socialistas e marxistas estavam se tornando influentes entre o proletariado urbano russo. No "Domingo Sangrento", em janeiro de 1905, as forças imperiais abriram fogo contra manifestantes em São Petersburgo, matando centenas de pessoas, o que levou a protestos por todo o império, que acabaram evoluindo para a revolução. Nicolau foi forçado a criar a Duma, uma assembleia legislativa eleita, além de aceitar a primeira constituição russa. Manteve-se no poder e, nos anos seguintes à Revolução de 1905, consolidou seu governo, executando ou prendendo milhares de radicais. Doze anos depois, a Rússia foi arrebatada por outra revolução, que colocaria um ponto-final no governo imperial.

Europeus Notáveis: Karl Marx (1818-83)

Karl Marx talvez tenha sido a mais influente figura surgida no século 19. Nascido numa família judia de classe média, na cidade alemã de Trier (à época, parte da Prússia), estudou direito e filosofia antes de iniciar a carreira de escritor e jornalista. Em 1843, mudou-se para Paris, onde começou a participar de grupos comunistas e socialistas. Foi lá que conheceu seu amigo e colaborador de toda a vida, Friedrich Engels (1820-95), alemão cujo pai era um rico fabricante têxtil. Juntos, escreveram *O Manifesto Comunista*, publicado em fevereiro de 1848. Sustentavam que a História era um processo de luta de classes e que o capitalismo havia sido criado pela burguesia, suplantando o feudalismo, enquanto a futura sociedade socialista seria criada por uma revolução liderada pelo proletariado. Em 1849, depois de passar algum tempo em Bruxelas e Colônia, Marx se estabeleceu em Londres, onde viveu pelo restante da vida. Ele e a família levavam uma vida precária e dependiam financeiramente de Engels (que também havia migrado para a Grã-Bretanha). Além de atuar como jornalista e ativista, Marx se dedicava à pesquisa e à escrita de sua obra-prima, *O Capital*, cujo primeiro volume saiu em 1867 (os dois volumes finais foram publicados postumamente, completados por Engels utilizando as anotações do autor). Na década final de sua vida, Marx já estava debilitado por problemas de saúde que lhe dificultavam a escrita. Quando morreu, em 1883, era bastante conhecido nos círculos de esquerda, mas sua influência somente seria sentida décadas mais tarde. No começo do século 20, o marxismo se tornaria a filosofia norteadora dos movimentos socialistas não só na Europa, mas no mundo todo.

A Conquista do Voto Feminino
Os movimentos democráticos da Primavera dos Povos estavam bastante preocupados em lutar para que os homens pudessem votar, mas foi somente no final do século 20 que as mulheres europeias começaram a se mobilizar pela sua própria emancipação. Elas lutavam contra um sistema patriarcal que também limitava seus direitos legais, seu acesso à educação e seu lugar no mercado de trabalho. Associações e sociedades foram formadas em toda a Europa, visando à conquista do voto feminino. Contra elas, havia movimentos antissufragistas, os quais argumentavam que as mulheres eram emotivas e impulsivas demais para votar. A Finlândia, que fazia parte do Império Russo mas tinha um alto grau de autonomia, foi o primeiro país da Europa a conceder o voto feminino. Quando o parlamento finlandês foi criado, em 1906, as mulheres conquistaram o direito de votar e concorrer a cargos. No ano seguinte, quando se realizaram as eleições gerais finlandesas, 19 mulheres foram eleitas. O restante do mundo nórdico seguiu o exemplo da Finlândia e concedeu às mulheres o direito ao voto: a Noruega em 1913, a Islândia e a Dinamarca em 1915, e a Suécia em 1919. A Primeira Guerra Mundial

seria um divisor de águas para o movimento pelo sufrágio feminino. Por causa do conflito, muitas mulheres ingressaram no mercado de trabalho e desempenharam um papel significativo no *front* interno. Isso contribuiu para que, terminada a guerra, leis garantindo a igualdade no voto fossem aprovadas em vários países europeus: Áustria, Alemanha, Luxemburgo, Holanda, União Soviética (URSS), Bélgica e Polônia. Em muitos outros países da Europa, o caminho até as urnas foi mais longo; as mulheres somente puderam votar na Espanha em 1933; na França em 1944; e, em algumas partes da Suíça, em 1991.

A Segunda Revolução Industrial

A Segunda Revolução Industrial, que durou de cerca de 1870 até 1914, caracterizou-se por avanços na produção, no transporte, nas comunicações e nas matrizes energéticas. Embora a Grã-Bretanha tenha sido inicialmente a principal potência industrial da Europa, outras nações começaram a se equiparar a ela, sobretudo a Alemanha e a França.

Antes do século 19, as viagens de longa distância eram lentas e caras. Durante a Primeira Revolução Industrial, muitos países europeus haviam criado redes de canais que facilitavam o transporte de grandes volumes de mercadorias, as estradas haviam sido melhoradas, mas, para os padrões atuais, eram precárias e de manutenção inadequada. Os maiores avanços no transporte terrestre ocorreram nas ferrovias. A tecnologia em si não era nenhuma novidade — estradas de ferro são apenas trilhos percorridos por veículos sobre rodas. Os primeiros desses veículos eram movidos por cavalos, por propulsão humana ou pela força gravitacional, mas quando esses trilhos passaram a ser utilizados

Impérios Coloniais Europeus, 1822

por locomotivas a vapor, tornou-se possível puxar cargas pesadas com uma velocidade considerável. As locomotivas a vapor foram desenvolvidas na Grã-Bretanha, no início do século 19, e a primeira ferrovia de passageiros, entre Liverpool e Manchester, teve a sua inauguração em 1830. Na Europa continental, a primeira ferrovia foi inaugurada na Bélgica em 1835, e, na década de 1840, já havia outras na França, na Espanha, na Alemanha e na Holanda. Em 1900, a Europa estava econômica e culturalmente conectada por uma rede continental de estradas de ferro. O vapor era usado também na propulsão de navios. A partir da década de 1840, surgiram os navios movidos por hélices acionadas por vapor, capazes de viajar a velocidades mais constantes, tornando as viagens transoceânicas mais seguras e acessíveis (a invenção da turbina a vapor, em 1884, deixou os navios ainda mais rápidos).

Tão revolucionário quanto o motor a vapor foi o motor de combustão interna. Grande parte das primeiras inovações nesse campo ocorreram na Alemanha, onde, em 1885, foi desenvolvido um motor de combustão interna pequeno o suficiente para ser instalado num veículo (o primeiro dos quais foi uma bicicleta). No ano seguinte, Karl Benz (1844-1929) patenteou um motor capaz de mover um carro, criando o primeiro automóvel. Devido ao seu alto custo inicial, o automóvel somente seria adotado como veículo de transporte de massa em meados do século 20.

A eletricidade começou a ser introduzida na Europa nas décadas de 1880 e 1890, sendo utilizada para a iluminação e para gerar energia nas fábricas e nos sistemas de transporte público. Sinais elétricos também eram utilizados para enviar mensagens através de cabos telegráficos. Durante a segunda metade do século 19, dezenas de milhares de quilômetros de cabos foram instalados na Europa. O envio das mensagens era praticamente instantâneo; em termos absolutos, o telégrafo foi responsável pela maior redução no tempo de comunicação da história humana. Em seguida veio o telefone, que começou a se popularizar na Europa a partir da década de 1870. Outra inovação nas comunicações ocorreu na década de 1890 pelas mãos do inventor italiano Guglielmo Marconi (1874-1937), que utilizou sinais de rádio para a comunicação sem fios.

A eletrificação, motores mais eficientes e aço mais barato foram combinados em fábricas que utilizavam linhas de montagem móveis e componentes intercambiáveis. As técnicas de produção em massa rapidamente aumentaram a produtividade, reduzindo o preço das mercadorias, o que levou à dispensa de trabalhadores por não serem mais necessários ou porque suas tarefas passaram a ser realizadas por mão de obra menos qualificada e mais barata. Para os que permaneciam, as tarefas se tornavam mais monótonas, com a imposição de longas jornadas. No final do século 19, havia sido criada uma economia verdadeiramente globalizada num mundo conectado pelo comércio e pelas finanças.

Imperialismo Europeu

No "Novo Imperialismo", iniciado em meados do século 19 (em oposição ao "Antigo Imperialismo" dos séculos 15 ao 18, que estava focado nas Américas), os países europeus criaram colônias fora do continente, principalmente na África, na Ásia e na Oceania. Os dois maiores rivais eram a Grã-Bretanha e a França, mas havia outras nações envolvidas, em especial a Bélgica, a Itália, a Alemanha, a Espanha e Portugal.

A principal motivação do imperialismo era econômica. Os países visavam assegurar mercados para as suas indústrias e obter acesso a matérias-primas que não podiam produzir ou cultivar, como a borracha, o marfim e o café. Muitos europeus pretendiam "civilizar" outras culturas, introduzindo suas crenças religiosas, tecnologias e costumes sociais em detrimento dos costumes locais. O racismo "científico" era utilizado para justificar essa pretensão com o argumento espúrio de que os europeus brancos representavam o auge da civilização, o que lhes concedia o direito de impor seu domínio e sua cultura. O imperialismo foi possível graças aos avanços tecnológicos. Os navios a vapor permitiram viagens oceânicas mais rápidas, enquanto o telégrafo elétrico possibilitou comunicações quase instantâneas com a metrópole. O desenvolvimento de novos tratamentos médicos, principalmente das drogas contra a malária, permitiu que os ocidentais vivessem em climas tropicais. Armamentos como a metralhadora e a artilharia pesada proporcionaram aos europeus um esmagador poder de fogo para sobrepujar os povos locais, mesmo quando em inferioridade numérica.

Durante o final do século 19, a África foi o maior palco do imperialismo. Em 1884 e 1885, 13 países europeus (e os Estados Unidos) se reuniram em Berlim para discutir a colonização da África. Foi decidido unilateralmente que qualquer país europeu poderia instaurar uma colônia numa região não reivindicada da África, desde que comunicasse aos demais. Isso acelerou, legitimou e formalizou a "Partilha da África" — em 1902, cerca de 90% do continente estava sob o domínio europeu. O Estado Livre do Congo era um símbolo da brutalidade do imperialismo. Criado em 1885 por Leopoldo II da Bélgica (1835-1909) como um território privado sob seu domínio, tinha como único propósito a extração de recursos, principalmente a borracha, o marfim e minerais. O exército particular de Leopoldo forçava a população a trabalhar, punindo, pasmem, com amputações aqueles que não cumpriam as metas. As aldeias que tentaram resistir foram massacradas. A população do Congo diminuiu de 20 milhões para 10 milhões de habitantes. Quando esses abusos foram tornados públicos em 1908, o governo belga passou a administrar o Congo diretamente, acabando com alguns dos piores excessos do regime de Leopoldo.

CAPÍTULO CINCO

A EUROPA EM CRISE

O BARRIL DE PÓLVORA EUROPEU
No início do século 20, Sérvia, Montenegro, Grécia e Bulgária conquistaram sua independência do Império Otomano. Na primavera de 1912, formaram a Liga Balcânica, aliança sob a proteção da Rússia, que pretendia ampliar sua influência na região e também incentivava o pan-eslavismo, movimento que visava à unificação e ao autogoverno dos povos eslavos.

Quando a Liga Balcânica foi formada, os otomanos estavam em plena guerra com a Itália no leste do Mediterrâneo. O conflito terminou em outubro de 1912 com os otomanos cedendo o controle da Líbia e das ilhas do Dodecaneso. Naquele mesmo mês, a Liga Balcânica declarou guerra aos otomanos com a intenção de removê-los de seu último bastião no sudeste da Europa, que incluía a Albânia, a Macedônia e a Trácia. A Primeira Guerra Balcânica foi desastrosa para os otomanos: a marinha grega dominou o Mar Egeu, impedindo a chegada de reforços. As ofensivas búlgaras alcançaram a

Trácia, colocando Istambul em perigo, enquanto os sérvios e montenegrinos abriam passagem pela Albânia e Macedônia. A guerra terminou em maio de 1913 com o Tratado de Londres, segundo o qual os otomanos perderam quase todo o seu território europeu.

Os aliados balcânicos entraram em disputa pela divisão de suas conquistas. A Segunda Guerra Balcânica teve início em junho de 1913, quando a Bulgária, tentando assumir o controle da Macedônia, atacou as forças sérvias e gregas no território macedônico. Os búlgaros foram obrigados a recuar, com Montenegro entrando na guerra contra eles. Para piorar a situação da Bulgária, ela foi invadida pelos otomanos e pela Romênia, perdendo parte de seu território e obrigando-a a iniciar negociações de paz, que resultaram na assinatura do Tratado de Bucareste, segundo o qual a maior parte da Macedônia foi dividida entre a Sérvia e a Grécia (que também adquiriu Creta), enquanto a Albânia se tornou um principado independente. Conforme mostrariam os eventos do verão de 1914, as Guerras Balcânicas não acabaram com as tensões na região.

A Crise de Julho

Em 28 de junho de 1914, o Arquiduque Francisco Ferdinando (1863-1914), herdeiro presuntivo do trono do Império Austro-Húngaro, foi assassinado durante uma visita a Sarajevo. Cinco semanas depois, a Europa estava em guerra. Como a situação se intensificou tão rápido?

Em 1914, a Europa se encontrava dividida em dois blocos de poder. O primeiro, a Tríplice Aliança, era formado pela Alemanha, pelo Império Austro-Húngaro e pela Itália. Em oposição a essa aliança, havia a Tríplice Entente, unindo a

Rússia, a França e o Reino Unido (o Japão também se juntou a eles, mas seu envolvimento na guerra estava restrito, principalmente, à Ásia). Desde a década de 1870, as potências europeias vinham se fortalecendo militarmente, estocando armamentos e investindo em novas tecnologias militares, como a metralhadora, o aeroplano e as armas químicas. A maior parte dos países adotara o serviço militar obrigatório (o Reino Unido foi uma exceção) e também dispunha de milhares de reservistas treinados, que poderiam ser convocados e deslocados para pontos estratégicos conforme minuciosos planos de mobilização. Acreditava-se que esses planos somente seriam eficazes se acionados antes dos do inimigo, de modo que todos os lados ansiavam por se mobilizar primeiro e garantir a vantagem, o que era exacerbado pelo "culto da ofensiva" (crença de que as forças que atacavam teriam uma vantagem avassaladora). Tal estratégia reduzia a abertura para a diplomacia, pois os generais estavam convencidos de que era crucial desferir o primeiro golpe. O esquema mais elaborado foi o Plano Schlieffen da Alemanha, que visava atacar a França cruzando a Bélgica e Luxemburgo. As defesas das fronteiras da França seriam, portanto, contornadas, levando a uma vitória rápida e permitindo que a Alemanha voltasse, então, suas energias para o Leste, em direção à Rússia, que, esperava-se, levaria meses para se mobilizar completamente.

A visita de Francisco Ferdinando à Bósnia-Herzegovina foi extremamente polêmica. O território havia sido anexado pelo Império Austro-Húngaro em 1908, causando enorme desgosto àqueles que queriam os territórios dos eslavos do Sul unidos num único Estado. Havia muitas organizações pan-
-eslavas, a maioria delas apoiada pela Sérvia, como a Jovem

Bósnia. Um de seus membros, Gavrilo Princip (1894-1918), atirou em Francisco Ferdinando e em sua esposa, Sofia, duquesa de Hohenberg (1868-1914), quando passavam de carro por Sarajevo. O Império Austro-Húngaro considerava os sérvios parcialmente responsáveis pelo assassinato e estava disposto a entrar em guerra com eles para impedir que continuassem a promover o pan-eslavismo, algo que poderia desagradar à Rússia, uma importante apoiadora da Sérvia. Para sorte dos austro-húngaros, o governo alemão lhes garantiu apoio total e irrestrito, dando-lhes um "cheque em branco" para agirem contra a Sérvia. Em consequência, em 23 de julho, o Império Austro-Húngaro lançou um ultimato à Sérvia, ordenando-lhe que prendesse os envolvidos no atentado e não mais apoiasse os rebeldes pan-eslavistas. Embora a Sérvia tenha cumprido quase todas as exigências, o Império Austro-Húngaro declarou guerra em 28 de julho, o que foi o início de uma constante sequência de mobilizações e declarações. Em 31 de julho, a Rússia iniciou uma mobilização geral. No dia seguinte, a Alemanha declarou guerra à Rússia e começou a se mobilizar (assim como a França). Agir de imediato se tornou crucial para a Alemanha: era preciso colocar o Plano Schlieffen em ação para que ele funcionasse. Em 2 de agosto, tropas alemãs entraram em Luxemburgo e, no dia seguinte, invadiram a Bélgica e declararam guerra à França. O governo britânico declarou guerra à Alemanha em 4 de agosto, pois prometera defender a neutralidade belga sob os termos do Tratado de Londres de 1839, levando os países da Commonwealth a entrar no conflito.

    Inicialmente, houve um grande entusiasmo pela guerra. Multidões em júbilo se reuniam nas capitais da Europa, reservistas se apresentavam em suas unidades e milhares de voluntários se alistavam nas Forças Armadas. Acreditava-se plenamente que a guerra terminaria antes do Natal — esse otimismo logo seria frustrado.

O *Front* Ocidental, 1914-17

Durante a invasão e posterior ocupação da Bélgica pelos alemães, foram cometidas várias atrocidades contra a população civil, com milhares de mortos.

Posteriormente, as forças alemãs invadiram o norte da França, chegando a cerca de 80 km de Paris. Na Primeira Batalha do Marne, no início de setembro, tropas franco-britânicas contra-atacaram e salvaram a capital; para isso, chegaram a usar uma frota de táxis parisienses no transporte dos soldados para a linha de frente. Os dois exércitos tentaram se atacar mutuamente pelos flancos, mas as manobras terminaram num impasse. No final de 1914, ambos os lados haviam aberto trincheiras para formar linhas defensivas. O *Front* Ocidental se tornou um sistema de trincheiras (separadas por uma terra de ninguém) que se estendia da fronteira suíça ao Mar do Norte. As metralhadoras, o arame farpado e a artilharia pesada proporcionavam aos defensores uma enorme vantagem, e as forças que os atacavam sofriam muitas baixas. A Alemanha percebeu que não era capaz de desferir um golpe fulminante contra a França e decidiu se fortalecer, adotando uma estratégia de exaustão.

Enquanto 1915 foi, em geral, um ano de impasse no *Front* Ocidental, 1916 foi marcado por um grau de violência sem precedentes. A Alemanha decidiu "fazer a França sangrar até a morte",* impondo-lhe um enorme número de baixas: o alvo

---

* Frase dita pelo General Erich von Falkenhayn (1861-1922), chefe do Estado-Maior da Alemanha durante a Primeira Guerra Mundial. (N.T.)

escolhido foi o baluarte francês de Verdun. Numa batalha brutal, que durou dez meses (a mais longa da guerra), os franceses se recusaram a recuar e repeliram os alemães (mais de 300.000 militares morreram). No verão, os Aliados, então, lançaram uma enorme ofensiva na região do Somme, onde coube aos britânicos o protagonismo. Embora não tenha atingido todos os seus objetivos, a campanha do Somme aliviou a pressão sobre Verdun e reduziu intensamente os recursos alemães.

Em 1917, a Alemanha passou à defensiva. Em março daquele ano, os alemães recuaram até a Linha Hindenburg (um elaborado sistema de fortificações com linhas de arame farpado com cerca de 80 km de extensão, nichos de metralhadoras e plataformas de concreto reforçado para canhões). O ataque francês às posições alemãs foi um dispendioso fracasso que levou a motins em massa. O principal combate na segunda metade do ano foi a Batalha de Passchendaele. Em meio ao pantanoso lamaçal da insalubre paisagem de Flandres, os Aliados tiveram algumas vitórias, mas sofreram enormes baixas e não conseguiram uma decisiva ruptura das linhas inimigas. À medida que o ano de 1918 terminava, o fim dos combates no *Front* Ocidental ainda parecia distante.

A Turquia e a Campanha de Galípoli
Em 2 de agosto de 1914, a Alemanha e o Império Otomano fizeram uma aliança: a Alemanha ajudaria a fortalecer e treinar os militares otomanos em troca de receber permissão para a circulação dos alemães em seu território. Quando a Primeira Guerra Mundial estourou, o Império Otomano se declarou neutro, mas, em quatro meses, foi arrastado para o conflito devido à aliança formada com a Alemanha.

A Turquia foi alvo de uma invasão dos Aliados no início de 1915. Com o impasse no Ocidente, lançaram um ataque contra a península de Galípoli, esperando que isso fosse o início de um avanço até Istambul e lhes permitisse o transporte de suprimentos à Rússia pelo Sul. O *Front* de Galípoli viria a se tornar um dos maiores fracassos dos Aliados na guerra. Quando desembarcaram, no mês de abril, as forças terrestres do Império Britânico e da França estabeleceram duas cabeças de ponte, mas sofreram intensas baixas. O terreno rochoso, as doenças e a ferrenha resistência otomana impediram um avanço maior. A retirada das tropas aliadas começou só em dezembro e foi concluída em janeiro de 1916.

As forças otomanas continuaram combatendo nos Bálcãs, no Cáucaso e no Oriente Médio. Durante a guerra, houve uma campanha genocida de assassinatos e deportações contra os armênios no império, com os assírios e os gregos sendo igualmente o foco da violência do Estado. Os otomanos firmaram um armistício com os Aliados em outubro de 1918. Em 1920, foram obrigados a aceitar o Tratado de Sèvres, o que desmantelou o Império Otomano, com a concessão da independência aos territórios não turcos. Em reação à severidade dos termos do tratado, o oficial do exército, Mustafa Kemal Atatürk (1881-1938), comandou uma revolta armada nacionalista que rejeitava o Tratado de Sèvres. O movimento levou à derrubada do último sultão, Mehmed VI (1861-1926), e à Proclamação da República da Turquia em 1923. Suas fronteiras foram reconhecidas pelos Aliados com o Tratado de Lausanne. Atatürk (que significa "Pai dos Turcos") se tornou presidente e conduziu uma série de reformas modernizadoras. Foi o grande líder da Guerra Nacional da Independência turca.

O *Front* Italiano e a Ascensão de Mussolini

A Itália fazia parte da Tríplice Aliança, mas, quando teve início a Primeira Guerra Mundial, ela se declarou neutra. O governo italiano não se envolveu, pois tinha uma concepção defensiva da aliança e não se via obrigado a agir, caso seus parceiros estivessem na ofensiva. Além disso, os italianos tinham antigas desavenças com o Império Austro-Húngaro, que dominava territórios onde era significativo o número de habitantes de etnia italiana. Em abril de 1915, a Itália assinou o secreto Pacto de Londres com os Aliados, concordando em mudar de lado em troca de territórios austríacos e de um protetorado na Albânia, que seriam concedidos depois que a vitória fosse conquistada. No mês seguinte, a Itália declarou guerra ao Império Austro-Húngaro e invadiu seu território. Os combates no *Front* Italiano eram, em geral, caracterizados pela mesma guerra de trincheiras ocorrida no *Front* Ocidental, mas travados num terreno rochoso e montanhoso. Apesar de também enfrentar reforços alemães em 1917, a Itália saiu vitoriosa dessa "guerra nas montanhas", obrigando o Império Austro-Húngaro a assinar um armistício em 3 de novembro de 1918.

Embora a Itália tenha terminado a guerra do lado vitorioso, muitos italianos consideravam uma "vitória mutilada", afinal a Itália não havia recebido todos os territórios prometidos, havia sido excluída da partilha das antigas colônias alemãs, perdera cerca de 650.000 vidas, contraíra pesadas dívidas e ganhara muito pouco em troca. O movimento fascista italiano, liderado pelo ex-jornalista e veterano do exército Benito Mussolini (1883-1945), aproveitou-se desse sentimento e cresceu em popularidade. Mussolini tomou o poder em 1922, após a Marcha sobre Roma (uma enorme manifestação de milicianos fascistas). Começou como primeiro-ministro, mas, em 1925, adotou o título de *Il Duce* ("O Líder"), tornando a Itália uma ditadura de partido único. Buscou tornar o país o herdeiro do Império Romano, estabelecendo sua influência no Mediterrâneo e conquistando colônias na África oriental. De 1935 a 1936, a Itália invadiu e ocupou a Abissínia (atual Etiópia), com o emprego de aeroplanos, tanques e armas químicas, e depôs o imperador etíope Haile Selassie. Parecia, ao menos naquele momento, que Mussolini havia triunfado.

A Rússia e o *Front* Oriental

A guerra começou de maneira bem desastrosa para a Rússia. No final de agosto de 1914, os russos sofreram uma derrota esmagadora para os alemães na Batalha de Tannenberg (atual nordeste da Polônia), mas se saíram melhor na Galícia (região hoje dividida entre a Ucrânia e a Polônia), onde obtiveram vitórias contra as forças austro-húngaras. Durante o ano de 1915, o exército russo, que possuía munição insuficiente e um corpo de oficiais inadequado, teve de recuar, embora, posteriormente, a Rússia tenha estabilizado sua posição e reforçado sua indústria militar, resolvendo o problema dos suprimentos. Em junho de 1916, lançou uma ofensiva contra a Galícia; apesar das muitas baixas, a ação foi estrategicamente bem-sucedida, e o Império Austro-Húngaro somente escapou do desastre graças à intervenção militar alemã. Com o Império Austro-Húngaro enfraquecido, a Romênia se juntou aos Aliados na esperança de conquistar a Transilvânia, porém sua entrada na guerra acabou sendo trágica. Apesar do auxílio russo, foi derrotada e obrigada a se render em dezembro de 1917.

A guerra se tornou impopular entre o povo russo, insatisfeito com o número cada vez maior de mortes e com a escassez de alimentos. Nicolau II havia assumido o posto de comandante-chefe, o que o tornava responsável por qualquer revés militar. Por se encontrar muitas vezes distante, na linha de frente, ele estava protegido da impopularidade de seu regime. Sua mulher, Alexandra Feodorovna (1872-1918), alvo de desprezo e ódio populares por ser alemã de nascimento, era quem atuava como regente e havia se tornado seguidora de Grigori Rasputin (1869-1916), místico siberiano que ganhara influência sobre a família imperial, afirmando ser capaz de curar o filho hemofílico do casal. A influência de Rasputin se estendia a questões de Estado, abalando ainda mais o regime czarista. Em dezembro de 1916, foi assassinado por um grupo de nobres insatisfeitos que utilizaram uma combinação de veneno, facadas e tiros para acabar com ele; sua eliminação não traria estabilidade à Rússia.

O descontentamento era amplo em Petrogrado, cidade que havia sido renomeada quando a guerra começara, pois São Petersburgo era considerado um nome demasiadamente alemão. Na Revolução de Fevereiro (que, na realidade, ocorreu de 8 a 16 de março pelo calendário gregoriano, utilizado na maior parte do restante da Europa — a Rússia ainda utilizava o antigo calendário juliano, de modo que estava com quase duas semanas de defasagem), os protestos evoluíram para manifestações de massa. A ordem foi desmantelada quando os soldados e os policiais se amotinaram. Os conselhos operários, chamados sovietes, foram formados por toda a Rússia — o maior e mais importante deles foi instaurado em Petrogrado. Com sua autoridade destroçada, Nicolau abdicou. Um governo provisório foi instituído pela Duma (assembleia legislativa), embora o Soviete de Petrogrado (órgão representante dos trabalhadores da cidade e soldados da guarnição da capital) continuasse poderoso. A Rússia permanecia comprometida com a guerra e, em julho de 1917, lançou uma ofensiva, ainda que a autoridade dos oficiais estivesse sendo minada pelos "comitês de soldados". O ataque foi um fracasso, a desordem cresceu ainda mais entre os militares, e a popularidade do governo provisório despencou. Surgia uma nova revolução.

Vladimir Lenin (1870-1924) era um líder comunista russo que havia sido obrigado a se exilar em 1907, estabelecendo-se por fim na Suíça. Após a Revolução de Fevereiro, as autoridades alemãs permitiram que ele regressasse para o seu país, cruzando seus territórios num trem lacrado, na esperança de que espalhasse a desordem pela Rússia. Lenin, que liderava os bolcheviques (partido socialista revolucionário), decidiu que era necessária uma outra revolução, pois considerava que o governo provisório era dominado pela burguesia. Na Revolução de Outubro (ocorrida em 7-8 de novembro),* Lenin comandou uma insurreição armada em Petrogrado — por meio da qual os bolcheviques tomaram o poder —, instituiu a República Socialista Federativa Soviética Russa e anunciou que daria um fim à guerra. Um cessar-fogo foi declarado no mês seguinte.

As conversações de paz com as Potências Centrais logo fracassaram. No início de 1918, a Alemanha e o Império Austro-Húngaro avançaram contra o território da Rússia, obrigando-a a aceitar termos de paz desfavoráveis. Segundo o Tratado de Brest-Litovsk, assinado em 3 de março, os russos cederam a Finlândia, os Estados do Báltico, Belarus e Ucrânia. O regime soviético, que transferira a capital de volta para Moscou, teve de enfrentar uma guerra civil contra o Exército Branco (coalizão de grupos de oposição apoiada pelas potências aliadas, que

---

* Essa data se refere ao calendário gregoriano. (N.T.)

enviavam dinheiro, suprimentos e reforços). Nicolau e a família imperial foram executados em julho, pois havia o temor de que se tornassem figuras decorativas a serviço de um movimento contrarrevolucionário. Em 1919, o Exército Vermelho invadiu a Ucrânia, onde enfrentou o Exército Branco e as forças polonesas. No ano seguinte, o principal contingente do Exército Branco foi derrotado e, em 1921, a paz foi selada com a Polônia. No leste da Rússia, os combates continuaram até 1922, quando o Exército Vermelho derrotou as forças remanescentes de oposição. Naquele ano, foi criada a União das Repúblicas Socialistas Soviéticas (URSS), sob a liderança de Lenin, composta inicialmente por Rússia, Ucrânia, Belarus, Armênia, Azerbaijão e Geórgia (durante as décadas de 1920 e 1930, ela se estenderia até a Ásia Central).

O Fim da Guerra

Desde 1914, os submarinos alemães atacavam navios mercantes no Atlântico, visando subjugar o Reino Unido pela fome. Até mesmo embarcações neutras eram atacadas, o que contribuiu para a entrada dos Estados Unidos na guerra, do lado dos Aliados, em abril de 1917 (juntamente com a revelação de que a Alemanha fizera gestos diplomáticos ao México, visando a uma possível aliança). A força industrial e os reforços norte-americanos foram um impulso vital para os Aliados.

Na primavera de 1918, com a Rússia derrotada, a Alemanha iniciou uma grande ofensiva no Ocidente, na esperança de derrotar os Aliados antes que os norte-americanos conseguissem mobilizar todas as suas tropas. Os alemães tiveram algumas vitórias iniciais, mas não foram capazes de mantê-las. A partir de agosto, os Aliados passaram a realizar contra-

-ataques concentrados e, graças à superioridade numérica e à exaustão das forças alemãs, venceram uma série de batalhas. Durante essa "Ofensiva dos Cem Dias", a Alemanha foi, pouco a pouco, perdendo terreno, e milhares de soldados alemães se renderam.

No final de outubro, a situação militar da Alemanha era desesperadora. Seus aliados, a Bulgária e o Império Otomano, já haviam se rendido, e o Império Austro-Húngaro estava prestes a capitular. Os alemães começaram a negociar a paz. Apesar da iminência do fim da guerra, o almirantado alemão ordenou um último ataque contra a Marinha Real Britânica no Mar do Norte. Os marinheiros estacionados no norte da Alemanha, não estando dispostos a participar de uma ação fútil e meramente simbólica, amotinaram-se. Então, ao longo da semana seguinte, a revolta se espalhou por um país exaurido pela guerra. Em 9 de novembro, os parlamentares socialistas do Reichstag declararam a Alemanha uma república. O *Kaiser* Guilherme II (1859-1941), que estava com o exército alemão na Bélgica, abdicou e se exilou na Holanda.

O novo governo alemão assinou um armistício com os Aliados às cinco horas da manhã do dia 11 de novembro. O cessar-fogo teve início seis horas depois, e as forças alemãs recuaram para o leste do Reno. Como os Aliados nunca chegaram realmente a invadir a Alemanha, surgiu o mito de que os alemães, na verdade, não haviam sido derrotados, mas "apunhalados pelas costas" por revolucionários nacionais. Os termos finais da paz ainda estavam para ser decididos, mas a Primeira Guerra Mundial (1914-18) havia finalmente terminado — com a morte de 10 milhões de soldados.

O Tratado de Versalhes

A Conferência de Paz de Paris foi iniciada em 18 de janeiro de 1919. Embora 27 países estivessem oficialmente envolvidos, havia um amplo predomínio dos "Quatro Grandes" (França, Reino Unido, Itália e Estados Unidos).

Enquanto o presidente norte-americano, Woodrow Wilson (1856-1924), defendia idealisticamente um acordo moderado com a Alemanha, os franceses e os britânicos queriam impor medidas mais punitivas. O Tratado de Versalhes foi assinado em 28 de junho. A Alemanha, que não teve o direito de opinar sobre os termos, foi submetida a enormes reparações, perdeu seu império colonial, cedeu territórios na Europa e teve que limitar suas Forças Armadas no futuro. A região da Renânia teve que se desmilitarizar e foi ocupada pelos Aliados durante 15 anos. Sob a cláusula da "Culpa de Guerra", a Alemanha assumiu toda a responsabilidade por ter iniciado o conflito.

O Império Austro-Húngaro também foi obrigado a se responsabilizar pelo início da guerra e teve seu destino debatido na conferência. Segundo o Tratado de Saint-Germain-en-Laye, assinado em 10 de setembro, ele seria desmembrado para se criar a República da Áustria e os Estados independentes da Hungria, da Tchecoslováquia e da Polônia. Nos Bálcãs, onde a centelha do conflito havia se acendido, também ocorreram grandes mudanças. Pouco depois do fim da guerra, a Sérvia se uniu a Montenegro. Como consequência do Tratado de Saint-Germain-en-Laye, esse Estado se juntou com antigos territórios austro-húngaros nos Bálcãs para formar o Reino dos Sérvios, Croatas e Eslovenos (renomeado Iugoslávia em 1929), concretizando o sonho daqueles que desejavam um Estado independente para os eslavos do Sul. Segundo o Tratado de Neuilly-sur-Seine, assinado em novembro de 1919, a Bulgária

A Europa após a Primeira Guerra Mundial

(que se juntara às Potências Centrais em 1915) perdeu territórios para a Grécia, a Iugoslávia e a Romênia, e teve que pagar reparações. Finalmente, o Tratado de Trianon, assinado em junho de 1920, dizia respeito à Hungria, estabelecendo suas fronteiras, a fim de deixá-la sem saída para o mar, e limitando suas forças armadas.

Como resultado das conversações em Paris, a Liga das Nações foi criada em 10 de janeiro de 1920, concebida para servir como um espaço pacífico de segurança coletiva, assim como promover o desarmamento e a solução de disputas pela diplomacia. Foi decisivo o fato de que os Estados Unidos nunca aderiram à nova organização. Embora ela tenha tido algum sucesso inicial na resolução de disputas, sua incapacidade de impor sanções tornava limitados os seus poderes. A Liga foi uma espectadora impotente das ações agressivas e do rearmamento na década de 1930 e viu o mundo ser arrastado para um novo conflito global.

Europeus Notáveis: Marie Curie (1867-1934)
Nascida Maria Salomea Sklodowska, em Varsóvia, Curie iniciou seus estudos na clandestina "Universidade Itinerante", antes de deixar sua terra natal e se mudar para Paris, em 1891, a fim de aprimorar sua educação. Lá, começou a assistir a aulas na Sorbonne e trabalhar como cientista e pesquisadora. Em 1894, conheceu o físico francês Pierre Curie (1859-1906), casaram-se no ano seguinte e começaram a trabalhar juntos. Em 1898, eles descobriram dois novos elementos, o polônio (nomeado em homenagem à Polônia) e o rádio. Em 1903, doutorou-se e recebeu, juntamente com Pierre, o Prêmio Nobel de Física. Foi a primeira mulher a ganhar um Nobel. Em 1906, ocorreu uma tragédia: ao atravessar a rua, Pierre escorregou e foi atropelado por uma carroça. Sofreu um traumatismo craniano e morreu no local. Marie Curie se tornou catedrática da Sorbonne e ganhou outro Prêmio Nobel, dessa vez de

Química, em 1911. Durante a Primeira Guerra Mundial, desenvolveu aparelhos de raios X portáteis para que os soldados pudessem receber tratamento mais perto do campo de batalha. Os anos de trabalho com materiais radioativos levaram-na à morte em 1934.

A Alemanha de Weimar e a Ascensão de Hitler

No período em que ainda se recuperava da Primeira Guerra Mundial, a Alemanha viveu uma onda de revoltas de esquerda. A maior delas ocorreu em Berlim, liderada pelos comunistas da Liga Espartaquista (nomeada em homenagem a Spartacus, líder de uma revolta de escravizados na Roma antiga). Para restaurar a ordem, o governo provisório recorreu ao exército e às *Freikorps* (milícias nacionalistas). Em janeiro de 1919, foram realizadas eleições para uma assembleia nacional (as mulheres alemãs votaram pela primeira vez). Com Berlim até então em meio à revolta, a assembleia se reuniu em Weimar, a quase 80 km dali, onde elaborou uma constituição que tornava a Alemanha uma república democrática parlamentar.

As finanças do governo alemão se encontravam em frangalhos, afinal o país havia contraído inúmeras dívidas para financiar a guerra. As reparações de guerra, que deveriam ser pagas em ouro ou moeda estrangeira, agravavam ainda mais a situação. Em 1923, quando a Alemanha atrasou os pagamentos, forças franco-belgas ocuparam a região industrial do vale do Ruhr para coletar bens no lugar de dinheiro.

A hiperinflação desvalorizava drasticamente a moeda alemã; em novembro, um dólar americano valia mais do que quatro trilhões de marcos. A Alemanha escapou do caos financeiro por meio de reformas que recuperaram a estabilidade monetária e modificaram as reparações de guerra.

Um grupo fascista fundado na Baviera, o Partido Nacional-Socialista dos Trabalhadores Alemães (mais conhecido como Partido Nazista), viu nisso uma chance para tomar o poder. Seu líder, Adolf Hitler (1889-1945), nascido na Áustria, veterano do exército que lutara no *Front* Ocidental, tentou dar um golpe de Estado liderando uma marcha de Munique até Berlim. O "Putsch da Cervejaria", em 8 de novembro de 1923, foi um enorme fracasso: Hitler foi preso e condenado por alta traição, mas passou somente um ano na prisão. Durante o restante da década de 1920, a Alemanha viveu uma estabilidade política e econômica, que chegou ao fim com o *crash* da Bolsa de Valores de Nova York, em 24 de outubro de 1929, dando origem à Grande Depressão da década de 1930 — a mais grave e generalizada crise econômica do século 20, provocando o colapso do comércio internacional e desemprego em massa.

A crise foi um presente para os nazistas. O partido crescia enquanto Hitler percorria o país fazendo discursos e comícios. Suas promessas de rasgar o odiado Tratado de Versalhes, aliadas a uma retórica antissemita e nacionalista, agradavam a uma população em busca de um bode expiatório. Os "camisas marrons" (*Sturmabteilung*), paramilitares nazistas, usavam da violência para reprimir seus adversários políticos. Em julho de 1932, os nazistas passaram a ser o maior partido do Reichstag, e, em janeiro de 1933, Hitler se tornou chanceler. No mês seguinte, o Reichstag foi incendiado por um comunista holandês solitário.* Hitler usou o incêndio como pretexto para

---

* Para mais informações sobre o incêndio do Reichstag, leia *Manipulando a História: Operações de Falsa Bandeira - Do Incêndio do Reichstag ao Golpe de Estado na Turquia*, de Eric Frattini, Editora Valentina, 2022. (N.T.)

A INDEPENDÊNCIA IRLANDESA

No fim do século 19, o movimento pelo autogoverno autônomo da Irlanda (*The Irish Home Rule*) cresceu em tamanho e influência. Muitos protestantes, concentrados no Norte do país, passaram a rejeitar a ideia, temendo que a autonomia levasse a um predomínio católico. Por outro lado, o republicanismo irlandês, que defendia uma independência completa, tornou-se mais influente. Após várias tentativas frustradas, em 1914, o parlamento em Westminster aprovou uma lei que daria à Irlanda o autogoverno. Entretanto, com o início da Primeira Guerra Mundial, a lei foi suspensa. Na Páscoa de 1916, os republicanos irlandeses promoveram uma revolta em Dublin, mas os britânicos a debelaram em seis dias, executando muitos de seus líderes. Em 1919, começou uma guerrilha entre os republicanos irlandeses e o Reino Unido, cuja paz foi selada em 1921; o Tratado Anglo-Irlandês criava o Estado Livre da Irlanda como um domínio autogovernado dentro da Commonwealth. Os seis condados com significativa população protestante tiveram a opção de continuar pertencendo ao Reino Unido, o que devidamente fizeram, dando origem à Irlanda do Norte. O tratado dividiu os republicanos, muitos dos quais rejeitavam a separação. Em junho de 1922, teve início a Guerra Civil Irlandesa entre as forças favoráveis e contrárias ao tratado. Em maio de 1923, o lado favorável ao tratado saiu vitorioso. Em 1949, a Irlanda se tornou uma república, rompendo oficialmente os laços com a Commonwealth e com a Coroa Britânica.

impor decretos repressivos que consolidavam o poder nazista. Após as eleições de março, os nazistas eram novamente o maior partido, embora não formassem sozinhos uma maioria. Graças ao apoio do conservador Partido Popular Nacional Alemão, conseguiram aprovar a Lei de Concessão de Plenos Poderes, que lhes permitiu alterar a constituição. Hitler transformou a Alemanha num Estado fascista de partido único e fez de si mesmo o *Führer* ("Líder") com amplos poderes. Os sindicatos foram abolidos, e leis racistas e antissemitas, aprovadas para garantir a "pureza" étnica da nação. A Gestapo, como era chamada a polícia secreta, mantinha a ordem perseguindo e silenciando opositores. Na "Noite dos Longos Punhais", em 1934, os inimigos políticos foram expurgados. Como o restante da Europa iria descobrir, os planos de Hitler para a Alemanha teriam efeitos bem mais devastadores.

Europeus Notáveis: Albert Einstein (1879-1955)

Nascido numa família judia de classe média, Einstein cresceu no sul da Alemanha e, na adolescência, desenvolveu um fascínio pela matemática e pela física. Em 1896, matriculou-se na Escola Politécnica Federal, em Zurique, tendo renunciado à cidadania alemã para evitar o serviço militar (permaneceu apátrida até receber a cidadania suíça em 1901). Após a graduação em 1900, não conseguiu uma boa posição acadêmica e foi trabalhar no departamento suíço de patentes em Berna, mas continuou a refletir sobre questões científicas. Em 1905, seu "ano miraculoso", publicou quatro artigos que revolucionariam a física, transformando nosso entendimento do universo, além de se doutorar pela Universidade de Zurique. A proeminência conquistada lhe permitiu finalmente galgar posições acadêmicas, viajar pelo mundo dando palestras e, de 1913 a 1933, tornar-se diretor do Instituto Kaiser Guilherme de Física da Universidade de Berlim. Einstein desenvolveu a teoria da relatividade, que explica a interação das partículas e as leis da gravitação, e, em 1921, ganhou o Nobel de Física. A ascensão do nazismo o tornou alvo de ataques antissemitas.

Em 1933, quando Hitler se tornou chanceler, Einstein estava visitando os Estados Unidos. Com a carreira e a vida em risco, decidiu não voltar à Alemanha. Ocupou, então, uma posição no Instituto de Estudos Avançados em Princeton, Nova Jersey, naturalizando-se norte-americano em 1940. Durante a Segunda Guerra Mundial, sua obra (principalmente a famosa equação $E = mc^2$) ajudou a estabelecer os fundamentos teóricos para a divisão do átomo. Em 1939, como era um pacifista, escreveu uma carta ao Presidente Franklin D. Roosevelt (1882-1945) recomendando que os Estados Unidos desenvolvessem uma bomba atômica. Depois que a nova arma foi utilizada em 1945, Einstein participou de uma campanha mundial para alertar sobre os perigos da guerra atômica. Em sua última década de vida, trabalhou no desenvolvimento de uma "teoria do campo unificado" que uniria todas as leis da física.

Em 1955, morreu de complicações cardíacas, deixando o trabalho inconcluso.

A Ascensão de Stalin

Sob a liderança de Lenin, a União Soviética se tornou um Estado de partido único. Inimigos em potencial foram expurgados no Terror Vermelho, enquanto as terras eram redistribuídas à força e as principais indústrias, nacionalizadas.

Em 1921, a fim de estimular uma economia debilitada por anos de guerra, Lenin introduziu a "Nova Política Econômica", que permitia algum grau de livre-iniciativa.

Um nome, contudo, ganhava força: Josef Stalin (1878-1953). Nascido na Geórgia, na juventude arrecadara dinheiro para a causa bolchevique assaltando bancos. Stalin teve uma importante participação na guerra civil e foi nomeado secretário-geral do Partido Comunista da União Soviética em 1922. Lenin tinha frequentes divergências com Stalin e se preocupava com o crescimento de seu poder, mas a doença o impediu de agir contra ele. Em 1924, Lenin morreu após uma série de derrames; em sua homenagem, Petrogrado passou a se chamar Leningrado.

Lenin foi sucedido pela troika composta por Stalin e dois outros políticos soviéticos, Lev Kamenev (1883-1936) e Grigori Zinoviev (1883-1936). O principal adversário de Stalin foi Leon Trotsky (1879-1940), fundador e comandante do Exército Vermelho durante a guerra civil. Trotsky liderava uma corrente que acreditava que a revolução socialista deveria ser espalhada pelo mundo inteiro. Stalin era adepto da tese do "Socialismo num Só País" — segundo a qual a União Soviética deveria se dedicar ao seu próprio fortalecimento. Kamenev e Zinoviev mudaram para o lado de Trotsky, mas foram isolados por Stalin, que passou a governar sozinho. Trotsky teve de se exilar, estabelecendo-se no México, onde foi assassinado por um agente da polícia secreta soviética em 1940.

Em 1928, Stalin abandonou a Nova Política Econômica e implementou o Primeiro Plano Quinquenal, concebido para industrializar rapidamente a União Soviética. Foram criadas fazendas coletivas e impostas metas (muitas vezes inviáveis) para as indústrias. Em consequência dessa política (e da estiagem), a produção agrícola declinou, provocando uma fome (durante 1932 e 1933) que matou mais de 6 milhões de pessoas. Cerca de dois terços das mortes ocorreram na Ucrânia; como o país havia resistido às políticas de Stalin, ele piorou, deliberadamente, as condições por lá, levando a população à desnutrição generalizada. Stalin instituiu, então, o Segundo Plano Quinquenal, que durou de 1933 a 1938. Sua ênfase estava na indústria pesada e na melhoria da infraestrutura de transporte. Embora sua posição estivesse garantida, em 1936 ele deu início a um expurgo de todos que considerava adversários. Durante esse "Grande Terror", foram realizados julgamentos encenados, nos quais os suspeitos eram forçados a fazer confissões falsas. Tanto Zinoviev quanto Kamenev foram condenados nesses processos e fuzilados. Centenas de milhares de pessoas foram executadas ou mandadas para os *gulags* (campos de prisioneiros em locais isolados, onde eram obrigados a trabalhar sob condições desumanas). Em 1938, a onda de violência diminuiu, pois o domínio de Stalin era absoluto.

A Guerra Civil Espanhola

A Espanha havia permanecido neutra durante a Primeira Guerra Mundial e, em 1931, tornou-se uma república após a deposição do monarca constitucional. Em fevereiro de 1936, a Frente Popular (coalizão de partidos de esquerda) venceu as eleições espanholas e, em julho, um grupo de oficiais do exército, nacionalistas de direita, tentou derrubar o governo. Os golpistas não conseguiram ter o controle total do país, que ficou dividido entre zonas controladas pelos republicanos, apoiadores do governo democraticamente eleito, e pelos nacionalistas, apoiados pelos militares. O país logo entrou numa guerra civil.

O General Francisco Franco (1892-1975) surgiu como líder dos nacionalistas. Ele pretendia instituir um regime autoritário e socialmente conservador, no qual caberia a ele o papel de líder ditatorial. A Guerra Civil Espanhola se tornou um símbolo da luta entre o fascismo e a democracia, e ambos os lados partiram em busca de ajuda externa. Embora contassem com milhares de voluntários estrangeiros, os republicanos tinham apoio formal de outros países, com exceção da Rússia Soviética. Em contrapartida, os nacionalistas contavam com a colaboração ativa da Itália, da Alemanha e de Portugal, que ofereciam apoio e treinamento militares formais, voluntários, armas e veículos.

O avanço dos nacionalistas era constante, enquanto os republicanos sucumbiam devido aos violentos conflitos internos. Em 1939, a guerra estava perto do fim. O baluarte republicano de Barcelona caiu em janeiro e, em março, foi a vez de Madri. Em 1º de abril de 1939, Franco declarou vitória; milhares de seus inimigos foram executados, presos ou exilados.

O Início da Segunda Guerra Mundial

A política externa de Hitler provocou um violento abalo na Europa. O *Führer* estava determinado a anexar todas os territórios onde vivessem alemães étnicos, assim como obter o *Lebensraum* ("espaço vital") para seu povo pela conquista de territórios no Leste. Ele derrubou as restrições do Tratado de Versalhes, suspendendo os pagamentos das reparações de guerra, reconstruindo o poderio militar alemão e reocupando a Renânia (1936). As grandes potências da Europa adotaram uma política de conciliação diante das estratégias de Hitler. Os europeus assistiram impassíveis ao *Anschluss* ("anexação") da Áustria em março de 1938 — o que era proibido pelo Tratado de Versalhes. A ambição seguinte de Hitler foi tomar a região dos Sudetos, território com população de maioria étnica alemã pertencente à Tchecoslováquia. Segundo o Acordo de Munique, assinado em 30 de setembro daquele ano, a Itália, a França e o Reino Unido permitiram que a Alemanha anexasse a região dos Sudetos. As ambições alemãs em relação ao território tcheco não se limitaram a isso; em março de 1939, o restante do país foi ocupado pelos alemães e dividido entre a própria Alemanha, a Hungria, a Polônia e a Eslováquia — recém-criado Estado cliente da Alemanha nazista.

Hitler então se voltou para a Polônia. Devido aos seus atos cada vez mais provocativos, o Reino Unido e a França se aliaram aos poloneses, prometendo proteger sua independência em caso de uma invasão. Em 23 de agosto, a União Soviética e a Alemanha estarreceram o mundo com o anúncio de um pacto de não agressão, que incluía cláusulas ultrassecretas que definiam como a Europa Central e a Europa Oriental seriam repartidas (o pacto abriu caminho para que o Exército Vermelho ocupasse as até então independentes repúblicas bálticas da Estônia, da Letônia e da Lituânia em junho de 1940, as quais foram anexadas à União Soviética no mês seguinte).

O Pacto Molotov-Ribbentrop foi um prenúncio da invasão da Polônia pela Alemanha em 1º de setembro, dando início à Segunda Guerra Mundial. Dois dias depois, a França e o Reino Unido (e a Commonwealth) declararam guerra à Alemanha, mas não foram capazes de salvar a Polônia. As forças alemãs atravessaram suas linhas de defesa e, em meados de setembro, o Exército Vermelho efetuou a invasão pelo Leste. Os combates na Polônia terminaram em 6 de outubro, e o país foi dividido entre a Alemanha, a União Soviética e a Eslováquia.

Durante os seis meses seguintes, houve um tenso equilíbrio, levando alguns a apelidar o conflito de "Guerra de Mentira". A relativa calma chegou ao fim em 9 de abril de 1940, quando a Alemanha invadiu a Dinamarca e a Noruega. A Dinamarca sucumbiu após um dia de combates, enquanto a Noruega conseguiu resistir por cerca de dois meses. Ambos os países ficaram sob a ocupação alemã durante os cinco anos seguintes.

Em 10 de maio de 1945, os alemães puseram em prática sua tática de *Blitzkrieg** contra a França e a Holanda (e contra a Força Expedicionária Britânica (BEF), que havia sido enviada através do Canal da Mancha). Em uma semana, a Holanda foi ocupada, e, no final do mês, a Bélgica havia se rendido. A França foi pega de surpresa por uma invasão alemã pela região das Ardenas (montanhosa, coberta de florestas e considerada de longa data intransponível para os tanques); assim, os alemães evitaram a Linha Maginot, o sistema francês de defesas fortificadas das fronteiras. O avanço alemão dividiu as forças aliadas. Mais de 300.000 combatentes ficaram encurralados no norte da França e somente conseguiram escapar graças a uma heroica retirada de Dunquerque.

Em 10 de junho, a Itália, aliada da Alemanha, declarou guerra aos Aliados e invadiu o sul da França. O governo francês caiu e um novo regime liderado por Philippe Pétain (1856-1951), general durante a Primeira Guerra Mundial, assinou um armistício em 22 de junho. A Alemanha ocupou o norte da França (inclusive Paris) e áreas costeiras do Canal da Mancha e do Atlântico; a Itália ocupou uma faixa de território no Sudeste, e Pétain ficou governando a zona não ocupada, um

---

* Guerra-relâmpago, que consistia em ataques-surpresa rápidos e fulminantes. (N.T.)

Estado fantoche sob domínio alemão na cidade de Vichy. O Reino Unido, então comandado por um governo de coalizão liderado por Winston Churchill (1874-1965), enfrentou uma tentativa de invasão. Entretanto, a Alemanha não conseguiu os domínios aéreo e marítimo do Canal da Mancha, necessários para o transporte de tropas até a Inglaterra. Mesmo assim, a Alemanha parecia estar prestes a dominar toda a Europa.

O *Front* Oriental

Hitler ainda tinha um grande oponente a enfrentar: a União Soviética, o poderoso baluarte do comunismo, o implacável inimigo ideológico do nazismo. Desprezando o pacto de não agressão, a Alemanha e as demais potências do Eixo se prepararam para uma invasão, mas os planos tiveram de ser adiados por mais de um mês devido à Campanha dos Bálcãs, na qual o Eixo obtivera o controle da Albânia, da Grécia e da Iugoslávia. Embora ocupando esses territórios, ele enfrentava a constante oposição de grupos de resistência locais.

Em 22 de junho de 1941, uma força do Eixo com mais de 3,6 milhões de militares invadiu a União Soviética ao longo de um *front* de 2.900 km de extensão. Os invasores eram, em sua maioria, alemães, mas tropas de seus aliados romenos, finlandeses, italianos, húngaros, eslovacos e croatas também participaram (além de voluntários espanhóis e portugueses). O objetivo era conquistar a parte europeia da Rússia até o final de outubro, antes que o inverno começasse pra valer. O avanço ocorreu em três grupos principais: pelos países do Báltico rumo a Leningrado, por Belarus rumo a Moscou e pela Ucrânia rumo aos campos de petróleo do Cáucaso. Apesar dos repetidos avisos, Stalin se recusou a acreditar na possibilidade de um ataque, de modo que as defesas soviéticas ficaram totalmente despreparadas. Sua resistência foi esmagada pelas forças do Eixo, que avançavam mais de 80 km por dia. O Exército Vermelho, além de ter armamentos inferiores, era precariamente comandado, pois milhares de oficiais experientes haviam sido liquidados durante o Grande Expurgo de Stalin. O *Front* Oriental seria o mais brutal e implacável teatro de operações da Segunda Guerra Mundial. Quase metade das mortes ocorreu lá, e os massacres de civis eram frequentes. Ambos os lados adotaram táticas de terra arrasada, deixando o território em ruínas.

Após o choque inicial da invasão, a União Soviética reagiu. O Eixo não foi capaz de conquistar Leningrado, que sobreviveu a um cerco de mais de dois anos. Os ataques a Moscou foram repelidos e as indústrias bélicas soviéticas, transferidas para o Leste, fora do alcance dos bombardeiros inimigos. No inverno de 1941-42, o avanço do Eixo havia se tornado lento. Por trás de suas linhas, ele enfrentava uma oposição armada; a dureza com que tratava a população dos territórios soviéticos ocupados motivava a ação de guerrilheiros que eram um flagelo constante. No verão de 1942, o Eixo lançou uma ofensiva que tinha como objetivo tomar os campos de petróleo do Azerbaijão. No meio do caminho estava Stalingrado (atual Volgogrado), no sudoeste da Rússia, um importante centro industrial e um *hub* de transportes. A batalha pela cidade foi um símbolo da carnificina do *Front* Oriental. O ataque do Eixo começou em agosto de 1942, reduzindo a cidade a escombros. Seguiu-se um implacável combate de rua, no qual o Exército Vermelho, a muito custo, conseguiu se manter firme até a contraofensiva soviética durante o inverno.

Em fevereiro de 1943, as forças do Eixo em Stalingrado foram cercadas e obrigadas a se render. O Eixo nunca mais recuperou a vantagem no *Front* Oriental, e suas tropas foram diminuindo com a arriscadíssima redução das suas linhas de suprimento. No verão de 1943, o Eixo lançou uma enorme ofensiva contra os soviéticos, em Kursk, na maior batalha de tanques da História. As forças alemãs atacaram violentamente e até obtiveram algumas vitórias, mas os soviéticos resistiram e retomaram o território. Kursk foi a última grande ofensiva do Eixo no Oriente. Após a batalha, o Exército Vermelho avançou pouco a pouco em direção ao Ocidente. No final de 1944, a União Soviética havia retomado os países do Báltico e estava pronta para avançar até a Polônia e a Prússia Oriental.

A Mudança de Rumo

Em 7 de dezembro de 1941, os japoneses atacaram a base naval norte-americana de Pearl Harbor no Havaí. No dia seguinte, os Estados Unidos declararam guerra ao Japão, juntando-se ao esforço dos Aliados no Pacífico. Em 11 de dezembro, a Alemanha e a Itália, que haviam firmado uma aliança militar com o Japão em setembro, declararam guerra aos Estados Unidos, o que traria graves consequências para a Europa. Os Estados Unidos, que já forneciam armas, veículos e suprimentos aos Aliados, estavam agora prontos para empregar todas as suas tropas, poder econômico e amplos recursos industriais contra o Eixo.

Os reforços norte-americanos ajudaram os Aliados a assumir o controle do norte da África em maio de 1943, o que lhes permitiu voltar as atenções para a Itália, invadindo a Sicília em 9 de julho e capturando-a após uma campanha de seis semanas. Desembarcados na Itália continental, dirigiram-se, então, para o Norte. O rei italiano, com o apoio de altos membros do governo e oficiais das forças armadas, depôs e prendeu Mussolini, e assinou um armistício com os Aliados em 3 de setembro. Em resposta, as forças alemãs avançaram para a Itália, Mussolini foi resgatado da prisão e empossado como o governante de um Estado fantoche nazista: a República Social Italiana. Os combates na Itália prosseguiram até maio de 1945, embora, no mês que antecedeu o fim da guerra, *Il Duce* tenha sido capturado por guerrilheiros comunistas que o executaram sumariamente e penduraram seu corpo em via pública em Milão.

Em 6 de junho de 1944, os Aliados do Ocidente invadiram a França. No dia D, 156.000 soldados desembarcaram na Normandia (pelo mar e pelo ar) numa das mais ambiciosas operações militares de todos os tempos, estabelecendo uma cabeça de ponte e avançando para o interior da França.

Charles de Gaulle (1890-1970), general que, do exílio, havia liderado as forças da França Livre, tornou-se presidente do governo provisório. Na Alemanha, surgiu uma conspiração para assassinar Hitler e dar um golpe de Estado, mas, em 20 de julho, ele sobreviveu à explosão de uma bomba colocada em seu quartel-general na Prússia Oriental. Após o atentado, o regime nazista prendeu e executou milhares de adversários em potencial.

Em outubro, a maior parte da França e da Bélgica havia sido libertada. A última cartada de Hitler foi atacar uma posição vulnerável nas linhas dos Aliados nas Ardenas, resultando na Batalha das Ardenas,* onde os alemães consumiram quase todos os recursos que lhes restavam e terminaram sendo repelidos. Em fevereiro de 1945, os Aliados estavam novamente na ofensiva e prontos para avançar contra a Alemanha.

---

* Também conhecida como Batalha do Bulge. (N.T.)

O Holocausto

Hitler se aproveitou de séculos de preconceito contra o povo judeu para culpá-lo por muitos dos problemas da Alemanha. Segundo ele, os judeus eram responsáveis pela propagação do comunismo e faziam parte de uma misteriosa conspiração internacional para controlar a economia mundial. Assim, os nazistas recorreram a uma espúria pseudociência para afirmar que os judeus eram *Untermenschen* ("sub-humanos"), biologicamente distintos da superior raça ariana, como também vários outros grupos passaram a ser considerados "indesejáveis" e a sofrer a impiedosa perseguição nazista (homossexuais, ciganos, eslavos e deficientes físicos e mentais — estes muitas vezes submetidos à esterilização forçada —, entre outros.)

A ideologia antissemita dos nazistas foi então oficializada, e, em 15 de setembro de 1935, o Reichstag promulgou as Leis de Nuremberg. Os 500.000 judeus alemães foram privados de sua cidadania e proibidos de casar ou ter relações sexuais com não judeus. Posteriormente, eles se viram impedidos de votar e ocupar cargos públicos, e tiveram seus passaportes carimbados com um "J" vermelho, além de precisarem adotar nomes judaicos (Israel para homens e Sara para mulheres), a fim de facilitar sua identificação. Na *Kristallnacht* ("Noite dos Cristais"), um *pogrom* promovido pelo Estado em novembro de 1938, as empresas, propriedades e locais de culto dos judeus foram brutalmente vandalizados. Nessa atmosfera hostil, inúmeros judeus tentaram fugir do país, mas a maioria dos governos europeus não estava disposta a receber refugiados. Muitos desejavam se estabelecer na Palestina, onde, desde o final do século 19, o movimento sionista tentava criar um Estado nacional judaico independente e soberano. As autoridades britânicas, que governavam a Terra Santa, impunham limites à sua migração, acreditando que ela desestabilizaria a região.

Durante a Segunda Guerra Mundial, milhões de judeus foram submetidos ao domínio nazista. Na Europa Oriental e na Europa Central, eles foram confinados em mais de mil guetos, e, no Ocidente, submetidos ao registro forçado.

Em 20 de janeiro de 1942, membros do alto escalão nazista realizaram a Conferência de Wannsee nos subúrbios de Berlim, em que decidiram pôr em prática a "Solução Final" para a "Questão Judaica" — a eliminação total dos judeus. No início, os nazistas usavam *Einsatzgruppen* ("forças-tarefa"), esquadrões da morte paramilitares, para caçar e matar os judeus (e os outros grupos indesejáveis) nos territórios conquistados: as vítimas eram mortas a tiros. Entretanto, depois da Conferência de Wannsee, os nazistas fizeram a transição para o genocídio em escala industrial. Na Europa Oriental, foram criados campos de concentração, para onde eram deportados os judeus das áreas sob o domínio nazista. Nos campos de concentração, eles eram submetidos a trabalhos forçados, e aqueles considerados desnecessários para trabalhar eram mortos em câmaras de gás e cremados.

Houve resistência contra o Holocausto: organizações clandestinas e indivíduos corajosos tentaram ajudar os judeus a escapar para locais seguros, e muitos entraram para grupos guerrilheiros que lutavam contra os nazistas. Em abril de 1943, os judeus do Gueto de Varsóvia se rebelaram, erguendo barricadas nas ruas e resistindo por mais de um mês até serem exterminados. Houve muitas outras revoltas e resistências contra o extermínio nazista, mas, em geral, eram reprimidas com brutalidade. Quando a guerra se aproximava do fim e os nazistas recuavam, os guetos e campos foram dissolvidos e seus habitantes, mortos ou forçados a marchar para o Oeste (muitos pereceram ou foram assassinados pelo caminho).

À medida que os Aliados avançavam pelo território nazista, o verdadeiro horror e a dimensão dos campos foram descobertos. As lideranças alemãs seriam responsabilizadas. Na Conferência de Yalta, em fevereiro de 1945, tomou-se a decisão de que os criminosos de guerra seriam julgados. Como resultado, os Julgamentos de Nuremberg foram realizados para tornar públicos os crimes nazistas e processar os líderes políticos, econômicos e militares responsáveis. Tais julgamentos começaram em novembro de 1945 e foram realizados diante de um tribunal internacional com juízes soviéticos, britânicos, norte-americanos e franceses. Outros julgamentos similares foram realizados até 1949 e revelaram a real dimensão, o horror e a crueldade do genocídio que matou mais de 6 milhões de judeus.

O Fim da Segunda Guerra Mundial

Em 16 de janeiro de 1945, Hitler se abrigou no *Führerbunker*, um complexo subterrâneo em Berlim. Sua saúde física e mental se deteriorava à medida que seus inimigos avançavam em direção à Alemanha. Em fevereiro, os "Três Grandes" líderes dos Aliados (Churchill, Stalin e Roosevelt — De Gaulle não foi convidado) se reuniram na Conferência de Yalta, na costa do Mar Negro, a fim de discutir seus planos para a Europa do pós-guerra. Na conferência ficou decidido que a Alemanha sofreria uma ocupação pelos Aliados e seria submetida aos "Cinco Ds" (desnazificação, desmilitarização, desindustrialização, democratização e descentralização). Além disso, regimes democráticos seriam instituídos em todos os países libertados, com a realização de eleições livres e justas. Dois meses após a Conferência de Yalta, Roosevelt sofreu um derrame cerebral e morreu. O vice-presidente Harry S. Truman (1884-1972) governou os Estados Unidos durante o restante da guerra.

Em meados de abril, o Exército Vermelho avançou contra os subúrbios de Berlim. Em 30 de abril, percebendo que a derrota era inevitável, Hitler cometeu suicídio. Dois dias depois, os soviéticos tomaram Berlim. Um novo governo nazista foi formado em Flensburg, no norte da Alemanha. Sua autoridade se esfacelou diante do avanço dos Aliados. Na madrugada de 7 de maio, o Alto Comando alemão assinou a rendição incondicional — todas as suas forças cessariam suas operações militares no dia seguinte. O Dia da Vitória na Europa foi anunciado publicamente no final do dia 8 de maio (embora na União Soviética e em grande parte do leste do continente já fosse dia 9). Quase seis anos de violência haviam deixado boa parte da Europa em ruínas e causado a morte de mais de 40 milhões de militares e civis.

Havia ainda muitas questões a resolver. Forças soviéticas estavam presentes na Europa Oriental e na Europa Central, e Stalin já havia instituído um governo comunista aliado na Polônia. Em consequência disso, criou-se uma tensão considerável entre a União Soviética e os Aliados ocidentais quando eles se reuniram nas proximidades de Berlim para a Conferência de Potsdam, iniciada em 17 de julho (assim como na Conferência de Yalta, De Gaulle não foi convidado). As discussões, por vezes exaltadas, seguiram até 2 de agosto. Ficou acordado que as forças dos Aliados ocupariam a Alemanha. O Reino Unido, os Estados Unidos, a França e a União Soviética estabeleceriam, cada um, sua própria zona de controle. Da mesma maneira, Berlim foi dividida em quatro zonas (o mesmo ocorreria com

Áustria e Viena). Berlim estava localizada na Alemanha Oriental, região submetida ao controle soviético. Reparações seriam confiscadas das áreas ocupadas, e territórios anexados pela Alemanha, devolvidos. A Polônia foi um tema especialmente controverso: recebeu o antigo território alemão da Prússia Oriental, mas, numa surpreendente traição ao governo polonês no exílio e às anteriores promessas de democracia, o regime fantoche de Stalin teve sua legitimidade reconhecida. De forma similar, a União Soviética criaria Estados satélites em grande parte do restante da Europa Oriental e da Europa Central, com a instituição de governos comunistas de partido único na Albânia, Bulgária, Tchecoslováquia, Hungria, Romênia e, posteriormente, Alemanha Oriental. Na Iugoslávia, foi proclamada uma república federativa popular em novembro, governada pelo líder guerrilheiro comunista Josip Broz Tito (1892-1980).

Embora os conflitos na Europa houvessem chegado ao fim, a guerra continuava sendo travada na Ásia. Como parte da Conferência de Potsdam, em 2 de agosto, a União Soviética declarou guerra ao Japão e invadiu a Manchúria. O Japão não viu outra saída e se rendeu em 2 de setembro após os ataques nucleares dos Estados Unidos em Hiroshima e Nagasaki.

Com a Segunda Guerra Mundial finalmente terminada, medidas foram tomadas para evitar um conflito semelhante no futuro. A Organização das Nações Unidas (ONU) foi oficialmente criada em 24 de outubro para promover e manter a paz, e estimular a cooperação internacional. Ao contrário da ineficiente Liga das Nações, que foi extinta, a ONU é uma organização poderosa e influente, e muito mais bem-sucedida nos seus objetivos fundamentais. Apesar disso, ao longo das quatro décadas seguintes, um novo conflito dividiria a Europa: a Guerra Fria.

CAPÍTULO SEIS

A Europa Contemporânea

O Início da Guerra Fria
Enquanto a Segunda Guerra Mundial terminava, um diferente (e bem mais longo) conflito se iniciava. A Guerra Fria, como foi chamado, colocou o Ocidente capitalista e democrático, liderado pelos Estados Unidos, contra o Oriente comunista, liderado pela União Soviética. As duas superpotências possuíam, cada uma, armas nucleares que, se tivessem sido utilizadas, teriam provocado a destruição mundial. Em sua rivalidade, tanto os soviéticos como os norte-americanos formaram alianças mundiais que levaram ao surgimento de dois blocos de poder. Em vez de se enfrentarem diretamente, ambos os lados muitas vezes travavam guerras por procuração, nas quais apoiavam seus aliados visando colocar no poder regimes que lhes fossem favoráveis. Essa disputa geopolítica e ideológica dividiu a Europa entre Oriente e Ocidente, com uma "cortina de ferro" separando os dois lados.

O primeiro conflito armado da Guerra Fria aconteceu na Grécia. Com o fim da ocupação pelo Eixo, diferentes grupos da resistência grega tentaram preencher o vácuo de poder. No final de 1944, a tensa aliança entre as facções comunista e monarquista se rompeu, gerando violência em Atenas. Churchill estava determinado a manter os comunistas fora do poder e empregou as forças britânicas contra eles, resultando em seu desarmamento em fevereiro de 1945. Depois disso, houve uma violência generalizada, e esquerdistas foram mortos. Em março de 1946, realizaram-se eleições e, em setembro, decidiu-se, num referendo, pela manutenção da monarquia. Os comunistas boicotaram ambas as votações, alegando que haviam sido fraudadas, e assim iniciou-se uma guerra de guerrilha entre os comunistas e as forças do governo. A União Soviética evitou o apoio direto aos comunistas, mas eles foram apoiados pela Albânia, Bulgária e Iugoslávia. Em contrapartida, os britânicos apoiaram ativamente o governo, até que o aumento dos custos desse apoio os obrigou a retirá-lo em 1947, quando foram substituídos pelos Estados Unidos. As forças do governo grego demoraram até 1949 para conquistar a vitória. A guerra foi ainda mais prejudicial à Grécia do que a invasão e a ocupação pelo Eixo, e os confrontos obrigaram mais de 500.000 pessoas a emigrar.

O desejo norte-americano de impedir o domínio soviético da Europa levou os Estados Unidos a se comprometerem com a manutenção de uma presença militar de longo prazo no continente. Em março de 1947, o Presidente Truman anunciou que o apoio à resistência dos "povos livres" aos regimes totalitários seria uma diretriz para o país. A "Doutrina Truman" passou a nortear a política externa norte-americana, com o fornecimento de armas, apoio militar e financiamento para grupos anticomunistas no mundo inteiro. Além de apoiar as forças do governo na Guerra Civil Grega, os Estados Unidos também enviaram ajuda financeira para a Turquia, a fim de garantir que os navios soviéticos fossem impedidos de atravessar os Estreitos Turcos do Mar Negro em direção ao Mediterrâneo.

Em 1948, o governo norte-americano começou o Programa de Recuperação Europeia, mais conhecido como Plano Marshall, que teria a duração de quatro anos e oferecia 13 bilhões de dólares de assistência financeira a 17 nações europeias, com a maior parte dessa verba destinada ao Reino Unido, à França e à Alemanha Ocidental (a seguir os detalhes sobre a divisão da Alemanha). A União Soviética foi convidada a participar, porém não aceitou, além de se recusar a permitir que seus Estados satélites no Leste Europeu também recebessem qualquer quantia. O plano foi imensamente bem-sucedido em ajudar a reconstruir a estraçalhada economia europeia, contribuindo para o crescimento e estimulando o comércio entre as nações.

Em nenhuma parte da Europa houve tantas disputas como na Alemanha, que permaneceu sob a ocupação dos Aliados. No lado ocidental, os Estados Unidos, o Reino Unido e a França planejaram a fusão de suas zonas de ocupação para formar uma única república federativa. Como parte do Plano Marshall, a Alemanha Ocidental foi financeiramente estabilizada e, em junho de 1948, recebeu uma nova moeda, o marco alemão, o que constituiu uma execração para a União Soviética, que queria manter a economia alemã enfraquecida. Em reação às reformas monetárias, Stalin determinou um bloqueio de Berlim Ocidental, impedindo o tráfego pelas rodovias e ferrovias que levavam à parte da cidade ocupada pelos Aliados ocidentais. Berlim Ocidental foi isolada do mundo, com uma quantidade de alimentos que duraria apenas um mês. Stalin anunciou que o bloqueio terminaria quando o novo marco fosse retirado de circulação, mas os Aliados ocidentais se recusaram a retroceder e criaram uma enorme ponte aérea para

Berlim Ocidental. As tripulações trabalhavam 24 horas por dia, enquanto os cidadãos locais ajudavam a descarregar os suprimentos. Stalin, que não estava disposto a começar uma guerra, ordenou que nenhum avião fosse abatido. O bloqueio continuou durante o inverno, mas os voos foram mantidos, chegando, no seu auge, a entregar 6 mil toneladas de suprimentos por dia, evitando o colapso de Berlim Ocidental. A União Soviética encerrou o bloqueio em maio de 1949.

OTAN

A criação da Organização do Tratado do Atlântico Norte, em abril de 1949, foi mais um sinal da crescente divisão da Europa. Com as forças militares soviéticas estacionadas na Europa Oriental e na Europa Central, as potências ocidentais decidiram que precisavam criar uma aliança formal para se opor à União Soviética. A OTAN funcionava como um sistema de segurança coletiva, no qual os Estados-membros se comprometiam a defender uns aos outros em caso de ataque. Os signatários fundadores da organização foram: Bélgica, Dinamarca, França, Islândia, Itália, Luxemburgo, Holanda, Noruega, Portugal e Reino Unido. A eles se uniram o Canadá e os Estados Unidos. Em 1952, foram admitidas a Grécia e a Turquia, com o ingresso da Alemanha Ocidental em 1955. Depois de criada a OTAN, passaram a existir duas forças com armamentos pesados em solo europeu, preparadas para iniciar uma guerra terrestre de grandes proporções que, felizmente, nunca aconteceu.

O Início da Integração Europeia

Depois da Segunda Guerra Mundial, muitas nações europeias se dedicaram à cooperação internacional, construindo pontes entre Estados que, muitas vezes, tinham um longo histórico de guerra e rivalidade. Em 9 de maio de 1950, o ministro das Relações Exteriores da França, Robert Schuman (1886-1963), discursou sobre a possibilidade de integrar a produção francesa e a alemã ocidental de carvão e aço. Essa declaração levou ao Tratado de Paris de 1951, que criou a Comunidade Europeia do Carvão e do Aço (CECA), reunindo não apenas a França e a Alemanha Ocidental, mas também a Bélgica, a Holanda, Luxemburgo e a Itália. Ao assinarem o acordo, os líderes dos seis países se comprometiam com a criação de um mercado comum de aço e carvão; isso não apenas reduziria a competição por esses recursos naturais essenciais, como também tornaria altamente improvável uma guerra entre eles, pois suas economias estariam bastante interligadas. Uma "Assembleia Comum" foi criada para que os representantes da CECA se reunissem; nesse estágio, tratava-se de um órgão consultivo e um fórum de discussão sem poderes para legislar. O Tratado de Paris criava também o Tribunal Europeu de Justiça. A CECA seria a primeira de uma série de instituições supranacionais que cresceriam em influência e importância, com a participação de um número cada vez maior de Estados europeus.

Após a criação da CECA, seus Estados-membros continuaram promovendo a integração. Em 1957, eles assinaram o Tratado de Roma, instituindo a Comunidade Econômica Europeia (CEE), visando promover a criação de um mercado único entre os seis países, com a remoção de barreiras alfandegárias para todos os produtos e a adoção de um único conjunto de tarifas sobre bens importados. Além disso, foi criada a Comunidade Europeia de Energia Atômica (CEEA),* a fim de instituir um mercado comum para a energia nuclear e para seu desenvolvimento seguro e pacífico. A Assembleia Comum da CECA deu origem à Assembleia Parlamentar Europeia, reunida pela primeira vez em 1958, em Luxemburgo, e posteriormente renomeada Parlamento Europeu. No mesmo ano, criou-se a Comissão Europeia, que atuava como poder executivo da CEE e era composta de comissários de cada um dos Estados-membros. A primeira nova iniciativa importante da CEE foi a Política Agrícola Comum (PAC), visando estabilizar o fornecimento de alimentos, definir preços e apoiar a agricultura. A CEE não era uma unanimidade, pois muitos políticos acreditavam que a soberania nacional seria violada. De Gaulle, presidente da França, era um de seus maiores opositores. Em 1965, ele retirou os representantes franceses dos conselhos da CEE até que se chegasse a um acordo por meio do qual seus membros teriam poder de veto sobre iniciativas que violassem os interesses nacionais de cada um deles. A integração avançou: o Tratado de Bruxelas, que entrou em vigor em 1967, unificava os órgãos decisórios da CECA, da CEEA e da CEE. Juntas, ficaram conhecidas como "Comunidades Europeias". No ano seguinte, todas as tarifas entre os membros da CEE foram removidas.

Com ações sendo realizadas visando sua ampliação, em 1961, Dinamarca, Irlanda, Noruega e Reino Unido se candidataram para ingressar nas Comunidades Europeias. De Gaulle vetou tais candidaturas em 1963, por acreditar que a participação britânica seria um veículo para a expansão da

---

* Também conhecida como Euratom, sigla que consiste na abreviação do seu nome em inglês: **Eur**opean **Atom**ic Energy Community. (N.T.)

influência norte-americana na Europa. Após a renúncia de De Gaulle à presidência em 1969, seu veto foi retirado. Portanto, com exceção da Noruega, que foi impedida de participar após a não aceitação dos eleitores noruegueses num referendo, os demais países ingressaram nas Comunidades Europeias em 1973. O grande empreendimento europeu estava caminhando a passos largos.

O Milagre Alemão

Ao final da guerra, em 2 de setembro de 1945, a Alemanha estava arruinada — a economia arrasada. Em consequência das rivalidades da Guerra Fria, o país foi oficialmente dividido em 1949, quando findou a ocupação dos Aliados (embora dezenas de milhares de soldados permanecessem lá estacionados). A parte oriental se tornou um Estado satélite da União Soviética (a República Democrática Alemã), enquanto na parte ocidental foi criada a República Federal da Alemanha. Os caminhos divergentes da Alemanha Oriental e da Alemanha Ocidental constituem um eloquente retrato do impacto nefasto de um governo comunista. Embora a Alemanha Oriental tivesse uma forte economia em comparação com o restante do Bloco Oriental, Berlim Ocidental logo a superou. O primeiro chanceler da Alemanha Ocidental no pós-guerra foi Konrad Adenauer (1876-1967), ex-prefeito de Colônia que havia sido detido e preso pelos nazistas em 1944, depois da tentativa frustrada de assassinar Adolf Hitler. Após sua eleição como líder da Alemanha Ocidental em 1949, Adenauer criou laços com antigos inimigos e pagou reparações a Israel pelo Holocausto. Sob a sua liderança, a economia da Alemanha Ocidental passou por uma transformação: além da nova moeda (o marco alemão), os controles de preços foram retirados e as alíquotas dos impostos, reduzidas. O governo, cuja sede ficava na cidade de Bonn, utilizou fundos provenientes do Plano Marshall para realizar empréstimos às empresas e ajudá-las em sua reconstrução. Como consequência dessas políticas e com o estímulo de milhões de trabalhadores que fugiam da parte oriental, a Alemanha Ocidental reergueu sua economia, que rapidamente se tornou uma das mais fortes e dinâmicas da Europa. Esse crescimento foi tão expressivo, que ficou conhecido como *Wirtschaftswunder** ("milagre econômico").

Mudanças na União Soviética

Após a Segunda Guerra Mundial, Stalin estava determinado a garantir a segurança da União Soviética por meio do domínio da Europa Oriental. A exceção era a Iugoslávia — embora o país fosse comunista, eram comuns os conflitos entre seu líder, Tito, e Stalin. Em 1948, os desentendimentos entre os dois levaram à expulsão da Iugoslávia do Cominform (organização criada pela URSS para coordenar os partidos comunistas da Europa). Tito continuou seguindo seu próprio caminho e, em 1961, juntamente com a Índia, criou o Movimento dos Países Não Alinhados — um grupo de nações que buscava se manter independente de qualquer bloco de poder.

Stalin ampliou o potencial militar da União Soviética, aumentando o contingente das Forças Armadas e supervisionando o desenvolvimento de armas nucleares (1949). O culto à sua personalidade, que o retratava como um onisciente pai nacional, era incentivado, mas, à medida que foi ficando mais

---

* Também conhecido como "Milagre do Reno". (N.T.)

velho, tornou-se ainda mais paranoico. Em setembro de 1952, mandou prender, torturar e matar vários médicos do Kremlin com base na suspeita infundada de que estariam planejando o assassinato de líderes soviéticos. A maioria desses acusados eram judeus; é provável que Stalin planejasse usar o tal "Complô dos Médicos" como parte de uma campanha maior de expurgos e políticas antissemitas. Na madrugada de 2 de março de 1953, antes que conseguisse pôr seus planos em prática, sofreu um AVC e morreu quatro dias depois.

Por não ter deixado instruções concretas para a sucessão, os altos dirigentes soviéticos decidiram instituir um sistema de liderança coletiva. Inicialmente, a figura preponderante foi Georgi Malenkov (1902-88), que comandava o governo e o Partido Comunista. Entretanto, o Conselho de Ministros rapidamente decidiu que Malenkov concentrava poder demais; continuou então como chefe do governo, mas foi substituído como líder do partido por Nikita Krushchev (1894-1971). Iniciou-se uma batalha pelo poder, da qual, no final de 1953, ele surgiu como o único líder nacional, revertendo muitas das políticas stalinistas, denunciando sua brutalidade, libertando milhões de prisioneiros políticos e direcionando-se para a democratização. Em 1955, consentiu com a desocupação da Áustria, que se tornou uma república democrática neutra.

Em 1957, Krushchev resistiu a uma tentativa interna de derrubá-lo. Mais tarde, naquele mesmo ano, a União Soviética lançou um míssil balístico intercontinental e o primeiro satélite ao espaço, dando início às corridas armamentista e espacial contra os Estados Unidos, que, juntamente com a Crise dos Mísseis de Cuba, em 1962, exacerbaram perigosamente as relações entre as duas superpotências. A calamidade global foi evitada pelas negociações, e, em 1963, a URSS, os Estados Unidos e o Reino Unido assinaram o Tratado de Interdição Parcial de Testes Nucleares, que proibia o teste de armas nucleares em solo. Apesar disso, em 1964, houve outra conspiração para derrubar Krushchev, que, não conseguindo manter a confiança dos dirigentes soviéticos, foi obrigado a se aposentar.

Leonid Brejnev (1906-82) sucedeu Krushchev. Em 1975, ele participou dos Acordos de Helsinki (uma declaração assinada por 33 países europeus, além dos Estados Unidos e do Canadá), que definia as fronteiras da Europa. A decisão de Brejnev de invadir o Afeganistão em 1979 teve grandes repercussões. A guerra, combinada aos intensos gastos militares, impôs um enorme desgaste à União Soviética, que contribuiu para sua posterior dissolução.

O Bloco Oriental nas Décadas de 1950 e 1960

Em 14 de maio de 1955, a União Soviética e seus sete Estados satélites assinaram em Varsóvia o Tratado de Amizade, Cooperação e Assistência Mútua,* que consolidava o controle soviético sobre a região, permitindo que tropas da URSS ficassem instaladas em seus Estados satélites e servindo de contraponto à crescente força da OTAN. Como houve objeções à hegemonia soviética, em junho de 1953, antes da assinatura do Pacto de Varsóvia, uma greve dos trabalhadores da construção civil estourou em Berlim Oriental. O movimento evoluiu para uma onda nacional de protestos e manifestações de trabalhadores violentamente reprimidos pela polícia da Alemanha Oriental e pelo Exército Vermelho.

---

* Mais conhecido como Pacto de Varsóvia. (N.T.)

O Pacto de Varsóvia não evitou a revolta política no Bloco Oriental. Em outubro de 1961, protestos na Polônia levaram ao poder um novo líder reformista, Wladyslaw Gomulka (1905-82). O governo soviético permitiu sua permanência no poder e ampliou a autonomia polonesa. Gomulka governou a Polônia durante 14 anos; cada vez mais autoritário, em 1968, reprimiu protestos estudantis e permitiu movimentos antissemitas que levaram à emigração de milhares de judeus poloneses. Os eventos na Polônia encorajaram dissidentes antissoviéticos da Hungria: em Budapeste, estudantes marcharam pelas ruas, insuflando uma revolução que derrubou o governo. O novo primeiro-ministro, Imre Nagy (1896-1958), anunciou que restabeleceria as eleições livres e retiraria a Hungria do Pacto de Varsóvia. A União Soviética enviou, então, o Exército Vermelho para esmagar o novo regime. Nagy foi preso (e posteriormente executado), e János Kádár (1912-89), mais submisso, foi posto em seu lugar; governou até 1988 e instituiu um sistema de reformas graduais com elementos de economia de livre mercado, que ficou conhecido como "comunismo goulash".

Em 1961, Berlim foi o centro de um conflito entre a URSS e o Ocidente. Embora a fronteira entre as duas Alemanhas estivesse fechada, milhares de pessoas haviam entrado em Berlim Ocidental para fugir do governo comunista. A União Soviética queria fechar essa saída, e, em junho, Krushchev exigiu que as forças ocidentais se retirassem de Berlim Ocidental. Em 13 de agosto, as autoridades da Alemanha Oriental começaram a colocação de arame farpado e blocos de concreto em volta de Berlim Ocidental. Quando terminado, o Muro de Berlim tinha 160 km de extensão e era intensamente vigiado para impedir qualquer tentativa de escalá-lo.

O muro permaneceu como um símbolo da divisão ideológica na Europa.

Em janeiro de 1968, Alexander Dubcek (1921-92) se tornou o líder nacional da Tchecoslováquia e anunciou uma nova orientação, o chamado "socialismo com rosto humano": a economia seria liberalizada, a liberdade de expressão seria garantida e medidas para democratizar o sistema político seriam tomadas. A "Primavera de Praga" terminou em agosto, quando a União Soviética (juntamente com a Bulgária, a Hungria e a Polônia) invadiu e ocupou o país. O ato tinha sua justificativa na "Doutrina da Soberania Limitada",* segundo a qual a União Soviética poderia intervir militarmente em nações comunistas quando julgasse que elas estavam se desviando do caminho correto. Dubcek foi obrigado a reverter suas reformas e renunciou no ano seguinte. Mesmo dentro do Bloco Oriental, a invasão foi controversa. O líder romeno Nicolae Ceausescu (1918-89) criticou as ações da União Soviética, e a Albânia foi muito além: seu líder, Enver Hoxha (1908-85), retirou o país do Pacto de Varsóvia como forma de protesto. Os eventos de 1968 mostraram que a URSS ainda estava mais do que disposta a utilizar a força para manter o domínio sobre seus Estados satélites.

Descolonização Europeia

Atualmente restam poucas colônias europeias, e a maioria são pequenos territórios insulares no Caribe e no Pacífico Sul, constituindo os últimos vestígios de vários impérios coloniais que se espalharam pelo mundo.

---

* Também conhecida como Doutrina Brejnev. (N.T.)

A descolonização acelerou após 1945, quando as potências europeias, muitas vezes à beira da falência em consequência da Segunda Guerra Mundial, concederam a independência a suas colônias. Em alguns lugares, foram travadas guerras de libertação nacional pela conquista da autonomia contra governos coloniais europeus que se recusavam a ceder seu domínio — a violência e a instabilidade política eram frequentes nos países recém-independentes.

O Reino Unido construiu o maior império. De 1931 a 1947, o Canadá, a Austrália e a Nova Zelândia alcançaram a independência. A África do Sul também teve a soberania concedida (1934), embora a maioria negra continuasse apartada de direitos civis. O domínio britânico sobre o subcontinente indiano terminou em 1947, após décadas de protestos, e o território foi dividido por critérios religiosos, levando à criação de dois países diferentes: a Índia e o Paquistão. Essa divisão deslocou milhões de pessoas e provocou uma violência em massa que deixou centenas de milhares de mortos. Em 1948, a Birmânia (atual Myanmar) e o Ceilão (atual Sri Lanka) conquistaram a independência, e as forças britânicas se retiraram da Palestina. No mesmo ano, começou uma revolta comunista contra o domínio britânico na Federação Malaia. Os confrontos persistiram depois que a federação conquistou a independência como Malásia em 1957, e somente terminaram em 1960. O domínio britânico na África terminou durante as décadas de 1950 e 1960 num processo muitas vezes violento — no Quênia, milhares de rebeldes mau mau foram mortos. Embora o Egito fosse independente desde 1922, o Reino Unido (com a ajuda da França) invadiu o país em 1956 para evitar a nacionalização do Canal de Suez. A pressão internacional os obrigou a se retirar decorrida uma semana, sinalizando o final do *status* do Reino Unido como superpotência. A Jamaica conquistou a independência em 1962, e, ao longo das três décadas seguintes, foi seguida por outras possessões britânicas no Caribe. As colônias britânicas no Pacífico se tornaram independentes na década de 1970, e finalmente, em 1997, Hong Kong foi devolvida à China.

A França tentou conservar suas colônias ultramarinas, provocando conflitos com grupos pró-independência na Indochina, que havia sido ocupada pelo Japão durante a Segunda Guerra Mundial, e foi obrigada a conceder a independência ao Camboja e ao Laos em 1953. Depois de uma derrota esmagadora em Dien Bien Phu em 1954, retirou-se do Vietnã (que foi dividido em Norte e Sul, abrindo caminho para a posterior intervenção norte-americana e para a guerra civil que duraram até 1975). Na África, tentou reprimir os movimentos de independência, muitas vezes com o uso da força — principalmente em Madagascar, na Argélia e em Camarões —, mas, em 1962, foi obrigada a desistir do controle da maioria de suas colônias no continente.

Potências imperiais europeias menores também perderam colônias. Após uma revolução nacionalista, as Índias Orientais Holandesas se tornaram independentes como Indonésia em 1949. O Suriname, na América do Sul, seguiu o exemplo em 1975, mas as ilhas do Caribe Holandês ainda fazem parte da Holanda. O domínio imperial belga terminou no Congo, em 1960, e, em 1962, no Burundi e em Ruanda.* A Guiné Equatorial, um território na África Central dominado pela Espanha, conquistou a independência em 1968. Uma das mais

---

* Antes da sua independência, esses países consistiam num único território, denominado Ruanda-Urundi. (N.T.)

longas lutas pela independência foi a Guerra Colonial Portuguesa, que durou de 1961 a 1974 e terminou com as colônias africanas de Portugal conseguindo sua independência. Fora da África, os portugueses perderam o controle do Timor Leste em 1975 e de Macau em 1999.

Mudanças em Portugal e na Espanha

Em 1926, a Primeira República Portuguesa foi derrubada por um golpe de Estado militar. Seis anos depois, António de Oliveira Salazar (1889-1970), que fora um bem-sucedido ministro das Finanças, tornou-se presidente do Conselho de Ministros. Sob seu comando, foi criado o conservador, nacionalista e autoritário regime do Estado Novo, que começou a vigorar em 1933. Um regime que praticava a censura, prendia adversários políticos e proibiu partidos de oposição.

Salazar manteve a neutralidade portuguesa durante a Segunda Guerra Mundial e permaneceu na presidência do Conselho de Ministros até sofrer um AVC em 1968. A essa altura, Portugal estava envolvido em guerras dispendiosas e impopulares para manter suas colônias na África. Tais conflitos acabaram levando um grupo de oficiais contrários às guerras coloniais a promover um golpe de Estado e derrubar o Estado Novo em 1974. A "Revolução dos Cravos" (assim chamada por seu caráter pacífico*) deu origem a um novo regime que encerrou as guerras coloniais e promoveu eleições livres, abrindo caminho para a estabilidade política e o posterior ingresso do país na CEE.

---

* Some-se a isso o fato de a população ter distribuído cravos vermelhos aos soldados, que os colocaram nos canos de seus fuzis, transformando a flor no símbolo da Revolução de 25 de Abril, como também é conhecida. (N.T.)

Pouco depois do fim do Estado Novo em Portugal, as mudanças chegaram à Espanha. Após vencer a Guerra Civil, Franco reprimiu a oposição e censurou a imprensa. Suas tentativas de tornar a Espanha autossuficiente paralisaram o crescimento econômico e deixaram o país à beira da miséria. Durante as décadas de 1960 e 1970, a Espanha se abriu ao investimento externo e rapidamente se industrializou. Franco permaneceu no poder até sua morte, por insuficiência cardíaca, em 1975. A monarquia foi então restaurada sob o governo do Rei Juan Carlos I (1938-), e eleições livres foram realizadas já em 1977. O governo democraticamente eleito resistiu a uma tentativa de golpe de Estado em 1981, quando rebeldes da Guarda Civil fizeram parlamentares e ministros reféns durante 18 horas. Juan Carlos condenou publicamente a tentativa de golpe, que logo fracassou, consolidando a bem-sucedida transição da Espanha para a democracia.

A Ampliação da CEE e a Criação da União Europeia (UE)

Em junho de 1979, foram realizadas as primeiras eleições para o Parlamento Europeu (cujos membros até então eram nomeados pelos parlamentos nacionais) nos nove países da CEE, com cadeiras distribuídas de acordo com a população de cada um deles — os países menores tiveram sua representatividade ajustada para cima. Estas foram as primeiras eleições internacionais e, desde então, são realizadas de cinco em cinco anos, embora a taxa de comparecimento seja muitas vezes baixa — geralmente menos da metade do eleitorado em muitos países. Os membros do Parlamento Europeu não estão divididos por seus países de origem, mas organizados em blocos por partido político. Desde a sua criação, os poderes e as responsabilidades do Parlamento Europeu aumentaram, e hoje ele é responsável por muitas questões legislativas e orçamentárias.

Durante a década de 1980, a CEE se expandiu ainda mais no sul da Europa, com o ingresso da Grécia em 1981, e a adesão de Portugal e da Espanha em 1986. Nesse ano foi assinado o Ato Único Europeu (AUE), segundo o qual os países-membros se comprometeram com a criação de um mercado único entre eles até o final de 1992. Tal ato concedeu à CEE poderes mais amplos para romper barreiras comerciais e estabelecer políticas para áreas de interesse comum, como o meio ambiente e os direitos do consumidor.

A União Europeia (UE) foi criada em 1993, por meio de um tratado redigido pelos membros da CEE, na cidade holandesa de Maastricht, em dezembro de 1991 e assinado dois meses depois. O Tratado de Maastricht renomeou a CEE como "Comunidade Europeia", sinalizando que seu objetivo se estendera além da esfera econômica, fazendo disso o "primeiro pilar" da UE. Os outros dois pilares eram uma política externa comum e a cooperação em questões criminais. Os dois artífices desse memorável passo em direção a uma maior integração foram o chanceler alemão Helmut Kohl (1930-2017) e o presidente francês François Mitterrand (1916-96), cuja íntima parceria simbolizava a reconciliação entre as duas nações e a esperança de uma paz duradoura na Europa Ocidental. Nem todos os líderes europeus se mostraram tão empolgados com a integração — por exemplo, durante a década de 1980, a primeira-ministra britânica Margaret Thatcher (1925-2013) foi se tornando cada vez mais cética em relação à UE, temendo que ela se tornasse um "superestado" governado a partir de Bruxelas. O Tratado de Maastricht também estabelecia critérios para os países que quisessem participar: eles precisavam ser democracias de livre mercado dispostas a aceitar as leis da UE. Assim, a Áustria, a Finlândia e a Suécia foram admitidas na UE em 1995 (a Noruega foi novamente impedida de ingressar pelos eleitores noruegueses num referendo). À medida que o novo milênio se iniciava, a UE estava propensa a mais expansão e integração.

O Colapso da URSS

A União Soviética chegou à década de 1980 sufocada por uma burocracia antiquada, sobrecarregada pelos gastos com a defesa e economicamente estagnada. A saúde de Brejnev estava debilitada (quando já padecia de uma série de enfermidades, sofreu um derrame em maio de 1982 e um enfarte fatal em novembro do mesmo ano), e seu substituto, o chefe da KGB, Yuri Andropov (1914-84), morreu em fevereiro de 1984 de insuficiência renal. Seu sucessor foi Konstantin Chernenko (1911-85), político conservador com problemas cardíacos e pulmonares, que faleceu em março de 1985, sendo substituído por Mikhail Gorbachev (1931-2022), um homem mais jovem e com planos reformistas.

Gorbachev aceitou o desafio. Suas duas principais iniciativas foram a *glasnost* e a *perestroika*. Palavra que se traduz por "transparência", a *glasnost* incentivava o governo soviético a ouvir as queixas dos cidadãos e permitia algum grau de liberdade de imprensa. A *perestroika* ("reestruturação") visava reformar o sistema político e econômico da União Soviética. Na tentativa de reverter a estagnação econômica, foram introduzidos elementos de livre mercado, como a permissão da propriedade privada e do investimento estrangeiro. Entretanto, o Estado conservava um alto grau de controle, e a economia continuava lenta. Gorbachev caminhou em direção à democratização, promovendo eleições locais com vários candidatos (o Partido Comunista ainda era o único permitido).

A liberalização estimulou o crescimento do sentimento nacionalista nas 15 repúblicas que compunham a URSS. Protestos contra o regime foram violentamente reprimidos, como ocorreu na Geórgia, quando, em 9 de abril de 1989, o Exército Vermelho atacou manifestantes em Tbilisi (atual capital do país), matando pelo menos 20 pessoas e deixando milhares de feridos. Nas repúblicas bálticas, os grupos pró-independência eram especialmente fortes e bem organizados. Em 23 de agosto de 1989, manifestantes dos três países bálticos se deram as mãos formando a Cadeia Báltica, uma corrente humana de 2 milhões de pessoas, que se estendeu por cerca de 650 km, como símbolo de seu desejo de autonomia.

As reformas de Gorbachev caminhavam a passos largos. Em março de 1990, ele criou um novo cargo para si mesmo com poderes executivos: presidente da União Soviética. Naquele mesmo mês, também fez emendas na constituição para permitir a existência de outros partidos além do Partido Comunista. Centenas de novos partidos surgiram da noite para o dia. Em 12 de junho de 1990, o Congresso dos Deputados do Povo da República Federativa Soviética da Rússia declarou sua intenção de criar um Estado democrático constitucional e declarou que suas leis tinham precedência sobre as da URSS. A declaração foi assinada por Boris Yeltsin (1931-2007), presidente do Soviete Supremo da Rússia, um ex-aliado de Gorbachev que se tornara um de seus principais críticos. No mesmo ano, o povo de Leningrado votou pela mudança do nome da cidade, que voltaria a se chamar São Petersburgo, simbolizando o declínio da influência do comunismo.

Gorbachev teve dificuldades para impor suas reformas e políticas, enfrentando a oposição tanto dos grupos nacionalistas quanto dos conservadores de seu próprio partido. Em agosto de 1991, quando se preparava para implementar reformas descentralizadoras que dariam mais poder às repúblicas, membros da linha dura do Partido Comunista tentaram tomar o poder. Gorbachev ficou detido em sua residência de verão na Crimeia. A tentativa de golpe de Estado fracassou depois que Yeltsin, da escadaria do parlamento russo, denunciou os conspiradores e exigiu a restauração de Gorbachev. Este reassumiu sua posição, mas sua autoridade havia evaporado. No final daquele ano, todas as repúblicas que constituíam a União das Repúblicas Socialistas Soviéticas haviam declarado independência. Em 25 de dezembro, Gorbachev renunciou à presidência, e a URSS foi dissolvida no dia seguinte.

As Revoluções de 1989

Durante a década de 1980, havia uma crescente insatisfação no Bloco Oriental. Foi na Polônia que ocorreu a primeira contestação ao comunismo daquela década, quando, em 1980, houve protestos contra os preços dos alimentos por todo o país. No estaleiro de Gdansk, 17.000 trabalhadores entraram em greve. Em 31 de agosto, seu líder, o eletricista Lech Walesa (1943-), chegou a um acordo com o governo polonês, que concedia aos sindicatos o direito de se organizarem e fazerem greve, além de outras garantias que melhoravam a vida dos trabalhadores. Em 22 de setembro, foi criado o Solidariedade, a primeira federação sindical independente no Bloco Oriental. No início de 1981, 10 milhões de pessoas haviam se filiado ao Solidariedade. Os sindicalistas reivindicavam mais reformas, levando o governo polonês a declarar lei marcial em dezembro. Em outubro de 1982, o Solidariedade foi declarado ilegal e dissolvido, e seus líderes, presos. Em 1983, Walesa foi agraciado com o Nobel da Paz.

O ano de 1989 seria o ano em que os protestos populares e a resistência civil provocariam revoluções e mudanças permanentes de regime. O governo comunista da Hungria foi forçado a iniciar conversações com grupos de oposição em abril, o que levou a grandes reformas. A República da Hungria foi instituída em 23 de outubro, e, em maio de 1990, realizaram-se eleições livres e pluripartidárias. Enquanto isso, a cerca na fronteira com a Áustria era derrubada, permitindo que milhares de húngaros (além de alemães orientais e tchecoslovacos) viajassem para o Ocidente durante a primavera e o verão de 1989. Na Polônia, houve eleições parlamentares parcialmente livres em junho. Antes proibido, o movimento Solidariedade conquistou praticamente todas as cadeiras que lhe foram permitidas disputar. Em 1990, foi a vez da eleição presidencial livre. Lech Walesa, o líder do Solidariedade, foi eleito presidente e comandou a transição da Polônia para a democracia.

O governo da Alemanha Oriental não conseguia reprimir os protestos pacíficos pelas reformas, cada vez mais frequentes e generalizados. Em 9 de novembro, foi anunciada a permissão para se entrar na Alemanha Ocidental. Naquela noite, milhares de berlinenses orientais se reuniram diante do muro que dividia a cidade. Impotentes, os guardas da fronteira permitiram que subissem no muro, que então começou a ser derrubado pela multidão. O símbolo da Cortina de Ferro ficou em ruínas, enquanto os berlinenses comemoravam eufóricos. Em 18 de março de 1990, foram realizadas eleições livres na Alemanha Oriental, e, em outubro, o país foi reunificado. Kohl, chanceler da Alemanha Ocidental desde 1982, tornou-se o líder da nação reunificada, permanecendo no cargo até 1998. Ele implementou o primeiro estágio da reunificação, incluindo a mudança da capital de Bonn para Berlim, embora ainda existam disparidades econômicas significativas entre o leste e o oeste.

Durante os últimos três meses de 1989, governantes comunistas caíram na Bulgária, na Tchecoslováquia e na Romênia. Na Bulgária, Todor Zhivkov (1911-98), que governava o país desde 1954, foi forçado a renunciar em 10 de novembro, e eleições livres foram realizadas em junho de 1990. Na Tchecoslováquia, após a violenta repressão policial a uma passeata de estudantes em Praga, em 17 de novembro, os protestos se espalharam pelo país. Em seis semanas, o governo comunista cedeu o poder. Em 29 de dezembro, o dramaturgo e dissidente Václav Havel (1936-2011) se tornou presidente, e houve eleições em junho seguinte. A Revolução de Veludo (assim chamada devido a seu caráter tranquilo) foi seguida pelo "Divórcio de Veludo" de 1993, a separação pacífica entre a República Tcheca e a Eslováquia.

O último grande evento de 1989 ocorreu na Romênia. Em 21 de dezembro, Ceausescu discursava num comício em Bucareste. A multidão começou a interrompê-lo e vaiá-lo, manifestando o crescente desprezo público pelo homem que governava com mão de ferro a Romênia desde 1965. Rebeliões violentas tiveram início por todo o país. Ceausescu e a mulher (que era também vice-primeira-ministra) foram detidos pelo exército e julgados por um tribunal militar. Ambos foram condenados por crimes contra a nação e executados. À medida que a nova década se iniciava, a democracia surgia em toda a Europa Oriental e Central.

A Rússia Pós-Soviética

Em 8 de dezembro de 1991, enquanto a União Soviética se desintegrava, os líderes de Belarus, da Rússia e da Ucrânia assinaram o Pacto de Belaveja, que declarava que a URSS seria substituída pela Comunidade dos Estados Independentes (CEI). Com exceção dos países bálticos, todas as ex-repúblicas soviéticas ingressaram na CEI. Em 21 de dezembro, foi assinado o Protocolo de Alma-Ata, que criava oficialmente a CEI e declarava que a Rússia era o Estado sucessor oficial da União das Repúblicas Socialistas Soviéticas (a CEI era uma confederação bem mais flexível do que a sua antecessora, visando às coordenações econômica, política e de segurança).

A guerra se espalhava pelos antigos países integrantes da União Soviética. Em 1988, começou um conflito em Nagorno--Karabakh, que fazia parte do Azerbaijão, mas tinha uma maioria de armênios que desejavam se separar do país e se unir à Armênia. A disputa evoluiu para uma guerra que duraria seis anos, envolvendo os governos azerbaijano e armênio. Nagorno--Karabakh se tornou independente de fato, mas continua a ser considerado internacionalmente parte do Azerbaijão.

Da mesma forma, na Geórgia, a Ossétia do Sul e a Abkházia travaram guerras separatistas que terminaram na sua independência de fato. Finalmente, em 1992, após um confronto de quatro meses, a região da Transnístria se separou da Moldávia, tornando-se um Estado independente de fato.

A nascente Federação Russa estava em meio ao caos: o país enfrentava enormes déficits orçamentários, quedas vertiginosas na produtividade, altas taxas de inflação, crime organizado fora de controle e desemprego em massa. As indústrias estatais foram privatizadas, dando origem a uma oligarquia que adquiriu imensos recursos do Estado a preços reduzidos. Em abril de 1993, Yeltsin, alvo de críticas por todos os lados, venceu um referendo no qual a maioria dos eleitores demonstrava confiar em sua liderança. Ele continuou num embate com o parlamento russo e, em outubro, utilizou o exército para reprimir a resistência a seu governo. Em dezembro, uma nova constituição, que fortalecia os poderes presidenciais, foi aprovada por um referendo. Graças aos empréstimos do Fundo Monetário Internacional (FMI), à receita do petróleo e do gás natural e às reformas monetárias, Yeltsin estabilizou a economia russa. Entretanto, sua popularidade continuou declinando, pois muitos ainda viviam financeiramente inseguros, com um padrão de vida inferior ao que tinham sob o comunismo.

Várias regiões da Rússia exigiam mais autonomia e muitas vezes travavam guerras para garanti-la (além de realizarem ataques terroristas contra civis). O conflito mais sério ocorreu na Chechênia, região de maioria muçulmana na Ciscaucásia, no norte do Cáucaso. Em 1994, Yeltsin enviou tropas para a região na tentativa de evitar que ela se separasse da Federação — as forças russas foram obrigadas a recuar após dois anos, o que significou a independência de fato da Chechênia. Com a Segunda Guerra da Chechênia (1999-2009), a Rússia reconquistou o controle sobre a região. Também houve violência separatista nas regiões vizinhas do Daguestão e da

Inguchétia, mas ambas continuaram fazendo parte da Federação Russa.

Em agosto de 1999, Boris Yeltsin escolheu Vladimir Putin (1952-), um ex-agente da KGB que entrara para a política em 1996, para ser seu primeiro-ministro. Após a renúncia de Yeltsin ao cargo de presidente em 31 de dezembro, Putin o substituiu. Em seguida, ele venceu as eleições presidenciais de março de 2000 e, desde então, domina a política russa. Seu principal objetivo foi restaurar o poderio russo, além de trazer ordem e prosperidade. Embora a economia russa tenha se estabilizado, ele utiliza métodos repressivos e violência contra seus oponentes, e tem procurado fortalecer a influência russa no exterior. Em agosto de 2008, invadiu a Geórgia, cada vez mais próxima do Ocidente, em apoio à independência da Abkházia e da Ossétia do Sul. Após cinco dias de combate, a Rússia reconheceu a independência de ambas as regiões e construiu bases militares nelas. Ao intervir na Ucrânia, opondo-se aos movimentos de protesto em massa no país, buscou fortalecer os laços com o Ocidente; em fevereiro de 2014, as forças russas começaram a fazer incursões na Ucrânia. Apesar da oposição internacional, a Crimeia foi anexada em março, e a Rússia continua oferecendo apoio aos rebeldes separatistas na região do Donbas. Putin conseguiu manter a sua grande popularidade junto ao povo russo, e venceu com folga as eleições presidenciais de março de 2018.

As Guerras Iugoslavas

Em 4 de maio de 1980, Tito morreu. Durante seu longo período no poder, ele havia estabelecido firmemente um governo de partido único e sua própria autoridade, ao mesmo tempo que criava um sistema federativo que descentralizava parte do poder, conferindo-o às seis repúblicas que formavam a Iugoslávia (Bósnia-Herzegovina, Croácia, Macedônia,* Montenegro, Sérvia e Eslovênia). Após a morte de Tito, a Iugoslávia passou a ter um governo coletivo, cuja presidência se alternava entre líderes das seis repúblicas. Durante a década de 1980, a economia cambaleava, com altos níveis de inflação e desemprego, o que estimulou os grupos nacionalistas. Então, em 25 de junho de 1991, a Croácia e a Eslovênia anunciaram que estavam se separando da Iugoslávia. O exército iugoslavo tentou evitar a separação eslovena, mas foi derrotado após uma guerra de dez dias, que terminou com a independência da Eslovênia. A Macedônia aprovou a independência num referendo e, em 8 de setembro, tornou-se pacificamente um Estado independente.

Em outras partes da antiga Iugoslávia, o caminho para a independência foi mais traumático. A minoria sérvia da Croácia não queria fazer parte de um Estado croata independente e, apoiada pelo exército iugoslavo, realizou uma revolta armada. Em março de 1992, a Bósnia-Herzegovina declarou sua independência. A composição dessa república era complexa, pois ela estava dividida entre bósnios muçulmanos (conhecidos como bosníacos), croatas católicos e sérvios ortodoxos. Os sérvios da Bósnia queriam seu próprio Estado e começaram a lutar para garantir o máximo de território possível. Da mesma maneira, os croatas da Bósnia também empregavam a força na tentativa de criar seu próprio Estado. Em 27 de abril, Sérvia e Montenegro formaram uma nova federação, governada por um homem cuja alcunha viria

---

* Atual Macedônia do Norte. (N.T.)

a ser "o Carniceiro dos Bálcãs", o presidente sérvio Slobodan Milosevic (1941-2006). As Guerras Iugoslavas foram os conflitos mais brutais e implacáveis em solo europeu desde a Segunda Guerra Mundial: centenas de milhares de pessoas tiveram de se refugiar, as limpezas étnicas eram recorrentes e houve numerosos massacres — o mais deplorável deles ocorrido na cidade de Srebrenica, onde sérvios da Bósnia mataram 8.000 bosníacos (também denominados "bósnios muçulmanos"). No final de 1995, as guerras na Croácia e na Bósnia-Herzegovina haviam chegado ao fim (neste último país, foi criada a República Sérvia, com imensa autonomia, nas áreas de maioria sérvia).

Em 1998, iniciou-se um conflito no Kosovo, que fazia parte da Sérvia, mas cuja população era, em sua maioria, formada por muçulmanos de etnia albanesa. Milosevic atacou os rebeldes pró-independência, matando civis e deixando milhares de desabrigados. Em março de 1999, a OTAN reagiu à crise humanitária que se formava, bombardeando a Sérvia e Montenegro por três meses até que Milosevic aceitou recuar. Posteriormente, uma força de paz da ONU foi enviada para o Kosovo, que declarou independência em 2008. Derrotado nas eleições de 2000, Milosevic foi preso por suspeita de corrupção e extraditado para Haia, onde seria julgado por envolvimento em crimes de guerra. Morreu de enfarte em sua cela antes que se chegasse a um veredicto. A última das repúblicas iugoslavas a conquistar a independência foi Montenegro, que, após um referendo, dissolveu sua federação com a Sérvia em 3 de junho de 2006.

CERN

A Organização Europeia para a Pesquisa Nuclear (mais conhecida como CERN, sigla derivada de seu nome francês, *Conseil Européen pour la Recherche Nucléaire*) foi fundada em 1954, numa tentativa de deter a saída das melhores mentes científicas para os Estados Unidos. Sediado em amplas instalações de pesquisa nos arredores de Genebra, o CERN se dedica principalmente ao estudo da física de partículas e, de acordo com seu estatuto, as pesquisas não podem ter objetivos militares. A organização cresceu de 12 países fundadores, que participam da divisão de custos e da tomada de decisões, para 22 membros (todos são países europeus, com a exceção de Israel, que ingressou em 2014). A organização foi responsável por incontáveis avanços e transformações em nosso entendimento do universo, e o mais importante talvez tenha sido a prova da existência, até então meramente teórica, do bóson de Higgs, responsável pela massa de todas as partículas. O bóson foi detectado em 2012 no CERN, por meio do Grande Colisor de Hádrons, um anel subterrâneo com 27 km de extensão, formado de ímãs supercondutores que lançam feixes de partículas uns nos outros.

Outro fruto do trabalho no CERN é a Rede Mundial de Computadores, World Wide Web (WWW). Seu inventor foi o engenheiro inglês Tim Berners-Lee (1955-), que propôs a sua criação em 1989, como um meio para que os cientistas compartilhassem informações no mundo inteiro. Quatro anos depois, o *software* por trás da WWW foi posto em domínio público; isso transformaria a sociedade.

O Euro e a Expansão da UE para o Leste

A União Europeia (UE) criou um Mercado Comum Europeu com livre circulação de capitais, mão de obra, bens e serviços. O Tratado de Maastricht também incentivou uma maior integração, criando a União Econômica e Monetária (UEM) entre os membros da UE, o que aproximaria as economias dos países-membros por meio de políticas comerciais e financeiras comuns.

O componente central da UEM é o euro, a moeda comum da UE. Para adotar o euro e fazer parte de UEM, os países precisariam atender a rigorosas condições, entre elas limitar a inflação, a dívida pública e os déficits governamentais. Em 1998, foi fundado o Banco Central Europeu, sediado em Frankfurt, cuja função é administrar o euro e estabelecer políticas monetárias. Naquele ano, o Banco Central Europeu estabeleceu as taxas de câmbio entre o euro e as moedas dos 11 países-membros da UE (Áustria, Bélgica, Finlândia, França, Alemanha, Irlanda, Itália, Luxemburgo, Holanda, Portugal e Espanha). Os governos britânico e sueco não aceitaram participar, e o povo dinamarquês rejeitou a participação num referendo em 2000. A Grécia foi aceita em 2001, depois de implementar mudanças substanciais na economia e nas finanças nacionais. Após um período de três anos de transição, as cédulas e as moedas do euro entraram em circulação em 1º de janeiro de 2002.

Após o fim da Cortina de Ferro, muitos países da Europa Central e Oriental ansiavam por ingressar na UE. Entretanto, as principais figuras da UE relutavam em permitir seu ingresso imediato, temendo que a entrada de vários países de economia menos desenvolvida acarretasse certa instabilidade. Por fim, em 2004, oito países anteriormente comunistas foram admitidos na UE (República Tcheca, Estônia, Hungria, Letônia, Lituânia, Polônia, Eslováquia e Eslovênia), além dos países insulares mediterrâneos Chipre e Malta. Desde então, a Eslovênia, o Chipre, Malta, a Eslováquia e os países bálticos adotaram o euro. A UE se expandiu ainda mais em 2007, quando a Bulgária e a Romênia ingressaram, seguidas pela Croácia em 2013.

Em dezembro de 2007, após debates em Lisboa, o Tratado de Maastricht foi emendado. O Tratado de Lisboa ampliava os poderes do Parlamento Europeu, intensificava a unificação da política externa da UE e formalizava o Conselho Europeu (órgão composto de líderes dos Estados-membros que determinava as prioridades e a agenda política da UE). Segundo o Tratado de Lisboa, a Carta de Direitos Fundamentais da União Europeia se tornava legalmente vinculante em toda a UE, assegurando a cada um dos seus cidadãos uma ampla gama de liberdades inalienáveis. O artigo 50 do Tratado de Lisboa se mostraria crucial, pois detalhava o processo por meio do qual um país poderia deixar voluntariamente a UE. A grande liderança nas negociações de Lisboa foi Angela Merkel (1954-), que, em 2005 se tornou a primeira mulher eleita chanceler da Alemanha (ela permanece no poder desde então, mas planeja deixar o cargo em 2021*), e se tornou a líder mais poderosa da UE. Entretanto, para entrar em vigor, o Tratado de Lisboa precisava ser assinado por todos os membros da UE. Inicialmente foi rejeitado na Irlanda após um referendo em junho de 2008, mas, depois de ganhar algumas concessões, o país aprovou o tratado num segundo referendo,

---

* Conforme havia planejado, Angela Merkel permaneceu no cargo de chanceler da Alemanha até 8 de dezembro de 2021, sendo sucedida por seu vice-chanceler Olaf Scholz (1958-). (N.T.)

realizado em outubro de 2009. No mês seguinte, o presidente tcheco assinou o tratado depois que os tribunais do seu país decidiram que ele era compatível com a sua constituição. Ratificado por todos os Estados-membros da UE, o Tratado de Lisboa entrou em vigor em 1º de dezembro.

A Europa e a Crise Financeira Global

Em 2007, um colapso no mercado norte-americano de hipotecas *subprime** (provocado pela concessão de milhões de financiamentos de risco para a compra de imóveis) obrigou o banco de investimentos Lehman Brothers a pedir falência em 2008 e levou várias outras grandes instituições financeiras à beira do colapso. A instabilidade econômica atingiu a Europa, onde muitos bancos quebraram e as bolsas de valores despencaram. Na Islândia, os impactos foram especialmente graves. A economia da ilha pouco povoada no Atlântico Norte tinha por tradição como sua principal base a pesca, mas, após a desregulamentação bancária em 2001, desenvolvera um importante setor financeiro. Três grandes bancos comerciais islandeses haviam se expandido rapidamente e realizado empréstimos bilionários no exterior, mas faliram, devido à perda da confiança mundial neles. A moeda do país, a coroa islandesa, rapidamente se desvalorizou, e o governo se viu obrigado a recorrer ao FMI em busca de ajuda financeira para estabilizar a economia.

A recessão global acarretou graves problemas na Europa, causando alta do desemprego (principalmente entre os jovens), crises bancárias, aumento da dívida pública e queda da produtividade. Na zona do euro, a crise foi particularmente grave,

---
* Modalidade de crédito de risco concedida a tomadores que não apresentam garantias suficientes para comprovar sua adimplência. (N.T.)

pois a instabilidade num país-membro poderia prejudicar todos aqueles que utilizassem a moeda comum. Além disso, o fato de o Banco Central Europeu ser responsável por estabelecer as taxas de juros e as políticas fiscais em toda a Zona do Euro restringia a capacidade de cada governo de implementar mudanças econômicas adequadas a suas próprias necessidades. Em 2010, para prevenir o colapso financeiro, o Chipre, a Grécia, a Irlanda, Portugal e a Espanha foram obrigados a tomar empréstimos financiados por outros países da Zona do Euro, pelo Banco Central Europeu e pelo Fundo Monetário Internacional. Uma das condições era a imposição de severas medidas de austeridade, que envolviam imensos cortes nos gastos governamentais (esses cortes também foram comuns em muitos outros países europeus). Essas medidas se tornaram extremamente impopulares, em especial na Grécia, onde a austeridade foi recebida com protestos em massa e tumultos, o que levou à ascensão do SYRIZA (coalizão populista de radicais e grupos de esquerda que inicialmente se opunha à austeridade, mas que, quando chegou ao poder em 2015, foi obrigada a fazer cortes intensos). Na Espanha, os protestos contra a austeridade levaram à criação de um partido populista de esquerda, o Podemos, que, um ano após sua criação, saiu das eleições gerais de 2015 como o terceiro maior partido político do país. Apesar da gravidade da crise financeira global, as economias europeias retomaram posteriormente o crescimento.

CAPÍTULO SEIS: A EUROPA CONTEMPORÂNEA

A Expansão da União Europeia

Europa em Crise?

Desde a crise financeira global, cresce a insatisfação com o *status quo* na Europa. Para alguns, o maior problema europeu são os imigrantes, principalmente os refugiados de guerra da África e do Oriente Médio. Em 2015, cerca de um milhão de pessoas buscaram refúgio no continente. Vários partidos adotaram plataformas políticas antirrefugiados, dirigindo-se aos eleitores alegando que os imigrantes eram responsáveis pelos problemas sociais e prometendo limitar seu número ou mesmo se recusar a aceitá-los.

O populismo de direita, que costuma assumir um tom nacionalista, tornou-se mais influente. Os partidos nacionalistas e os partidos antissistema ganharam popularidade, por exemplo, na França e na Itália. Essa tendência tem sido também particularmente forte nos países do antigo Bloco Oriental, como a Hungria e a Polônia. O euroceticismo costuma ser uma questão central para partidos políticos populistas (tanto de direita como de esquerda): esses grupos se opõem não apenas à UE, mas também à integração europeia. Sua principal crítica à UE é o fato de ela ser uma instituição obscura e excessivamente burocrática, que corrói a soberania nacional. O euroceticismo muitas vezes se associa a uma linguagem anti-imigrante e nativista, e seu impacto foi maior no Reino Unido, cuja permanência na UE foi submetida a um referendo, em 23 de junho de 2016, e 52% dos votos foram favoráveis à sua saída da UE. Como resultado disso, em 29 de março de 2017, o governo britânico acionou o Artigo 50 do Tratado de Lisboa, estabelecendo um prazo de dois anos para negociar a retirada do Reino Unido da UE. As negociações da saída entre o governo britânico e a liderança da UE foram turbulentas e polêmicas, deixando muitas dúvidas quanto ao futuro do relacionamento entre o Reino Unido e a Europa.*

A Europa do século 21 enfrentará uma série de desafios fundamentais: manter a ordem e a coesão social numa sociedade cada vez mais polarizada em face da globalização e da automatização de diversos setores da economia; resolver o problema das baixas taxas de fecundidade, que acarretarão um declínio populacional; lidar com a mudança climática e com o risco de conflito na antiga União Soviética. Apesar de tudo isso e de outras dificuldades em potencial, há razões para ser otimista. A Europa, principalmente na sua parte ocidental, continua sendo uma das regiões mais ricas, democráticas e desenvolvidas do mundo, além de seguir promovendo inovações tecnológicas e artísticas. Além disso, conforme este livro demonstrou, a Europa tem sido periodicamente abalada por guerras entre suas maiores potências e, apesar de terem ocorrido alguns grandes surtos de violência, desde o fim da Segunda Guerra Mundial o continente tem vivenciado, de modo geral, um dos períodos mais pacíficos e prósperos de sua história, que, se as lições do passado não forem ignoradas, continuará durante muito tempo.

---

* A saída do Reino Unido da União Europeia (UE), conhecida como Brexit em inglês, ocorreu em 31 de janeiro de 2020. (N.T.)

COLEÇÃO HISTÓRIA PARA QUEM TEM PRESSA

A HISTÓRIA DO MUNDO
PARA QUEM TEM PRESSA
MAIS DE 5 MIL ANOS DE HISTÓRIA RESUMIDOS EM 200 PÁGINAS!

A HISTÓRIA DO BRASIL
PARA QUEM TEM PRESSA
DOS BASTIDORES DO DESCOBRIMENTO À CRISE DE 2015 EM 200 PÁGINAS!

A HISTÓRIA DO SÉCULO 20
PARA QUEM TEM PRESSA
TUDO SOBRE OS 100 ANOS QUE MUDARAM A HUMANIDADE EM 200 PÁGINAS!

A HISTÓRIA DO
UNIVERSO
PARA QUEM TEM PRESSA
DO BIG BANG ÀS MAIS RECENTES DESCOBERTAS DA ASTRONOMIA!

A HISTÓRIA DO
SISTEMA SOLAR
PARA QUEM TEM PRESSA
UMA FANTÁSTICA VIAGEM DE 10 BILHÕES DE QUILÔMETROS!

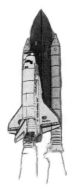

A HISTÓRIA DA
CIÊNCIA
PARA QUEM TEM PRESSA
DE GALILEU A STEPHEN HAWKING EM APENAS 200 PÁGINAS!

A HISTÓRIA DA FILOSOFIA PARA QUEM TEM PRESSA
DOS PRÉ-SOCRÁTICOS AOS TEMPOS MODERNOS EM 200 PÁGINAS!

A HISTÓRIA DE JESUS PARA QUEM TEM PRESSA

DO JESUS HISTÓRICO AO DIVINO JESUS CRISTO!

A HISTÓRIA DOS EVANGÉLICOS PARA QUEM TEM PRESSA
DOS LUTERANOS AOS NEOPENTECOSTAIS EM 200 PÁGINAS!

A HISTÓRIA DA MITOLOGIA PARA QUEM TEM PRESSA

DO OLHO DE HÓRUS AO MINOTAURO EM APENAS 200 PÁGINAS!

A HISTÓRIA DA TELEVISÃO BRASILEIRA
PARA QUEM TEM PRESSA
DO PRETO E BRANCO AO DIGITAL EM 200 PÁGINAS!

A HISTÓRIA DO FUTEBOL
PARA QUEM TEM PRESSA
DO APITO INICIAL AO GRITO DE CAMPEÃO EM 200 PÁGINAS!

A história do CINEMA
para quem tem pressa
DOS IRMÃOS LUMIÈRE AO SÉCULO 21 EM 200 PÁGINAS!

A HISTÓRIA DA ASTROLOGIA
PARA QUEM TEM PRESSA
DAS TÁBUAS DE ARGILA HÁ 4.000 ANOS AOS APPS EM 200 PÁGINAS!